De l’un à l’autre

DU MÊME AUTEUR

La sagesse du désir. Le yoga et la psychanalyse, Paris, Seuil, « Couleur psy », 2003.

Les créations du corps et de l'inconscient, Lyon, Cahiers de Présence d'Esprit, 2004.

Christiane Berthelet Lorelle

De l'un à l'autre

Spiritualité du yoga et psychanalyse

Voix psychanalytiques

Liber

Les éditions Liber reçoivent des subventions du Conseil des arts du Canada, du ministère du Patrimoine canadien (PADIE), de la Société de développement des entreprises culturelles (SODEC) et participent au programme de crédit d'impôt-Gestion SODEC pour l'édition de livres du gouvernement du Québec.

Maquette de la couverture : Jonathan Tremblay

Dépôt légal : 2e trimestre 2007
Bibliothèque et archives nationales du Québec

ISBN 978-2-89578-129-5

À la mémoire de ma grand-mère,
Solange Bentin

INTRODUCTION

> Esprit mystérieux qui, le doigt sur la bouche,
> Passes… Ne t'en va pas! Parle à l'homme farouche
> Ivre d'ombre et d'immensité […]
>
> VICTOR HUGO, « Horror »

Qu'aurais-je à vous dire, à vous qui ne connaissez pas le yoga et qui aimeriez savoir ce qu'il est?

Il y a vingt-cinq ans, quand j'ai découvert cette discipline, j'étais loin de penser qu'elle m'accompagnerait toute une vie. L'été était long. Je ne savais pas quoi faire de moi. Je me traînais dans une dépression muette et honteuse, et là, sur cette plage de Bretagne où j'avais échoué, un journal échappé dans le vent, courant à ras le sable en d'imprévisibles rebonds, vint se coller à mes jambes. C'était *Le Monde*. Il avait dans sa course perdu quelques pages, mais je le retins contre moi et le feuilletai négligemment. Une photo accrocha mon attention: un groupe de personnes âgées faisaient sur l'herbe la posture sur la tête. Je me souviens encore de l'adhérence de mon regard sur leur corps marqué par le temps, arrêtée devant la prouesse silencieuse de leur vieillesse en équilibre. Aujourd'hui, je ne saurais dire précisément ce que disait cet article sur le yoga, sinon qu'il parlait du temps et d'une sagesse à vivre, mais ce dont je me souviens c'est que je pris discrètement les coordonnées de la fédération qui figuraient au bas de la page. Une idée venait de m'être donnée, apportée par le vent…

L'automne me conduisit donc à mon premier cours. Et ils résonnent encore, les pas qui m'y amènent. Je me souviens encore de leur présence concentrée sur les pavés. Secrètement je savais que ma vie allait changer.

Alors, que pourrais-je vous dire, à vous qui n'avez jamais pratiqué le yoga et qui aimeriez savoir ce qu'il vous apporterait, sinon, tout d'abord, qu'il procède d'un *appel* — un appel qui dispose à sa rencontre, un appel de l'être qui souffre et qui veut autre chose?

Une pratique qui fait signe

Ce premier jour, comme tous les autres qui ont suivi pendant dix ans, dans cette cave de pierre voûtée où il fallait descendre pour pratiquer, le professeur nous demanda de nous asseoir à l'avant de notre tapis, pied contre pied, genoux ouverts, le dos rond et la nuque relâchée, les mains posées sur les chevilles, et là, dans le long silence qui suivit, au cœur de la plus grande immobilité, j'eus l'impression d'élever le bras, paume verticale, et de dire Stop pour la première fois. Stop à ma vie telle qu'elle se déroulait jusqu'à présent. Stop au passé. Stop à la précipitation qui m'agissait à son gré. Stop aux autres tels qu'ils me collaient à la peau. Stop à toutes les collusions du malheur. Pour la première fois je décidais d'en revenir à moi, d'en finir avec l'opacité, de me prendre en main. Je posais un acte.

Le corps était pourtant immobile, relâché, enroulé sur lui-même, or c'est l'impulsion d'un geste qui s'est élevée à ma conscience. La représentation d'un mouvement. Et contraire à la réalité physique que le corps était en train de vivre, cette image subite avait valeur d'un signe, c'est-à-dire d'une parole. Il avait fallu ce repli postural, cette fermeture initiale du corps, pour entendre du dedans le désir clamer sa décision.

C'est cela le *yoga*[1]. Dans un retour à soi qui n'est jamais sans conséquence, à plus ou moins longue échéance, il se produit ce qui doit se produire — l'*union* avec ce qu'il y a de plus vrai en soi — comme ici même, à l'*initio* de son expérience, l'élévation d'un signe à la dignité d'une parole, la création d'un dit émergé du corps: «Stop on

1. *Yoga*, par sa racine étymologique *yuj*, signifie «lien», «union», «unité», «ce qui relie».

arrête tout et on recommence», «voyons voir», «à moi de jouer», «plus jamais». Cette détermination ne me quitta pas, et la pratique l'attisa, des années durant, au gré des efforts et des joies.

À la lumière de ce simple commencement, vous pouvez avoir l'idée de ce qui se joue quand *ça* se décide au fond de soi. Il est possible d'observer la différence entre la posture du corps et l'image interne qui s'en dégage. C'est dans cet écart que se loge le sujet de l'inconscient.

Cette première posture est donc venue incarner la coupure nécessaire qu'il me fallait accomplir pour qu'une séparation psychique puisse avoir lieu. Elle a isolé mon désir pour mieux le cerner. Et dans cette découpe un acte a pris sens. Oui, la place du sujet était convoquée. *Je* décidais d'aller y voir de plus près, là où c'était pétrifié de non-dits, de peur et d'interdit.

Du côté du vent

Vingt-cinq années se sont ainsi écoulées, inlassablement, à pratiquer intensément, à me déprendre, à me séparer, à me dégager de cette gangue de silence qui recouvrait ma vie comme une brume épaisse et grise pour retrouver peu à peu mon chemin, perdu parmi celui des autres. Et cette pratique, qui m'a conduite à l'analyse, et qui m'a sortie de la nuit, c'est-à-dire du long mensonge, oppressant et invisible dont j'étais l'objet et dans lequel j'étais enfermée (par ceux dont j'étais bien loin de me douter qu'ils me ravissaient à ce point la vérité de mon histoire), cette pratique a taillé dans le silence l'énigme dont ma vie était faite: longtemps après que mon analyse fut terminée, de méditation en méditation, une question tomba, comme un fruit mûr, ou comme un couperet, une question que je n'avais nullement prémédité de poser, et qui pourtant leva définitivement le voile sur le secret de famille qui me détermine.

Alors vous allez me demander: comment un *travail du corps et du souffle*, par le biais de simples postures, peut-il à ce point amener au vif du sujet? Comment peut-il *tailler dans le faux pour élucider le vrai*? C'est à mes yeux la question la plus essentielle de cette expérience. Et je vais m'attarder à en éclairer le processus.

Si je parle de brume épaisse et grise c'est qu'une certaine visibilité m'était impossible. Je ne parvenais pas à *voir*. Obscurément je sentais bien qu'il me fallait m'extraire d'une impuissance profonde, mais je n'en connaissais pas les coordonnées, et je croyais en être la cause, incapable d'avancer, lente et désespérée, avec tous les phénomènes de dévalorisation que cela entraînait. Quelquefois même j'avais l'impression de marcher contre un grand vent, penchée en avant pour essayer d'avancer. Tout me semblait une montagne. Vivre me semblait une montagne. Et souvent, je désirais m'arrêter.

Je sentais bien qu'il n'était pas tout à fait normal de faire tous ces efforts pour continuer, mais il m'était impossible de demander de l'aide, car il eût été honteux d'en parler à quelqu'un ou d'« en faire une histoire ». Secrètement déjà mon inconscient savait que honte et histoire allaient ensemble. Et puis une histoire de quoi ? Je reposais sur du non-dit, rien de palpable, rien de justifiable. Juste l'impression profonde de n'être pas de là, un sentiment d'exil, de différence indéniable qu'il m'était impossible de communiquer. Mais il n'y avait personne pour accréditer mon malaise, car ceux qui auraient pu m'aider préféraient se taire et me mentir. Alors leur silence devint le mien : *je passai sous silence*…

À cette époque, j'étais loin d'imaginer que j'étais interdite à ce point, et que braver cette résistance consistait à traverser l'interdit parental qui concernait ma naissance. Simplement mon inconscient m'informait avec cette image d'impuissance que cette ignorance m'empêchait d'avancer. Et bien inconsciemment, c'est du côté du vent que je me suis tournée. Voilà pourquoi cette première séance de yoga fut décisive : là où j'étouffais sous un impossible à dire irrespirable, le souffle me libéra d'un sentiment d'emprisonnement. Et alors que je me sentais confusément l'*objet* d'une capture, le souffle immédiatement me mit en position de sujet.

Je savais que la clarté ne me serait pas donnée de l'extérieur et qu'il me fallait la trouver à l'intérieur, le seul espace qu'il me restait. Les yeux fermés, je l'ai cherchée, année après année, pelure après pelure, à demander à mes pratiques de me rendre à la légèreté, purifiant, dénouant, tonifiant, élucidant, et, un jour, elle est venue à moi, la clarté, dénudée, dans l'innocence d'une question, à y entendre du dedans la vérité qui me concernait. Voilà comment le yoga est venu répondre à mon obscurité.

Pendant toutes ces années, en me mettant du côté du vent, je changeai de place. Le vent, de ce fait, n'avait plus personne à contrer. Et en cessant d'affronter l'impossible, la résistance est tombée. C'est ainsi qu'en apprivoisant le souffle pour me laisser guider, je me suis remise à avancer. Pendant ce temps, une conscience s'est réveillée, intransigeante et claire, affranchie, capable d'assumer toutes les incidences de sa vérité. Quelqu'un allait devoir répondre de sa honte, car celle que je portais n'était pas la mienne.

Voyez-vous, nous touchons là les quatre grandes destinées de cette discipline : se remettre en mouvement, voir, se détacher, vivre.

Que met en lumière cette histoire ? Les rapports du yoga et de la vérité, les affinités du souffle et de la lumière, la connivence du yoga et de l'analyse. L'effort pour survivre. Elle dit surtout le lent travail de maturation que représente le *processus de différenciation* instauré d'emblée par le désir de se départir du micmac dans lequel la famille confond les siens, la lente avancée d'un sujet traversant le temps et les opacités de la conscience, sa désappartenance nécessaire pour se couper de l'Autre, l'abus de pouvoir dont l'enfant est immédiatement l'objet, le trouble et la *confusion* auxquels mènent les non-dits. Autant d'efforts pour s'y retrouver, démêler ce qui est soi de ce qui ne l'est pas, et rester fidèle à cette part de soi, restée dans l'ombre, et qui ne sera jamais *reconnue*.

Chacun connaît sa part d'exil au cœur de sa propre histoire, et les mouvements de vie et de mort qu'inflige la souffrance. Comme vous le voyez, dans cette nuit, on avance comme une taupe, en aveugle, à tâtons. On pressent, puis on sent… ce travail se fait dans la chair. Et tout comme le nourrisson encore privé de la vue reçoit ses informations par la peau et les sensations du corps, on développe une acuité particulière aux événements intérieurs. Souterrainement, du dedans, la pratique du yoga déclare en l'être une vigilance instinctive, sensitive, attentive à l'interaction entre le monde et soi-même, *un état d'écoute* proprioceptif. Et si cette attention se donne plus tard à l'analyse, elle devient propice à entendre, voir, et dévêtir la réalité de ses illusions et de ses mensonges. Elle met à nu les mécanismes les plus primitifs de l'être humain.

Ainsi, ma pratique du yoga a servi mon analyse et mon analyse a été un *yoga*, pour me frayer un chemin parmi ces broussailles.

Ce travail ne procède donc pas d'osmose mystique ou d'union béatifique, comme on le pense si souvent, mais de séparation effective. C'est ainsi que le sujet parvient à s'émanciper des embrouilles auxquelles il était *mêlé* pour se couper des liens mortifères qui faisaient obstacle à sa propre avancée. Alors, un espace se dégage. Et c'est cet espace qui apporte avec lui la clarté nécessaire pour penser, discerner, recevoir, se laisser modifier par ce qui est compris. Elle est là, la belle union du *yoga*, celle du corps et de l'intelligence, et cette *intelligence*, au plus près de son étymologie, devient la faculté de *lire à l'intérieur*.

C'est donc de décantation qu'il faudrait parler quand nous parlons de cette pratique, d'un processus de vérité qui se fait jour en soi et qui, du cœur des fibres, nous permet d'approcher une *perception* qui à la fois se refuse et se dit tour à tour, pour y être entendue. Venue de plus loin que de l'occurrence où elle émerge, une vérité prend corps à notre insu. *Satya* est le mot sanskrit qui signifie vérité, la deuxième loi éthique du yoga. Sans le savoir, c'est au nom de *satya* qu'en ce matin d'octobre, je me suis dirigée vers mon premier cours.

Le travail de la conscience

Alors vous allez me demander quel type d'enseignement peut donner accès à un tel voir. Comment il peut favoriser l'émancipation nécessaire qui libère de l'ignorance.

Tout commence comme si, à l'orée d'une pratique, en ce lieu où elle va se dérouler, sur le petit tapis où nous prenons place, tout l'Être soudain était convoqué, rassemblé, concentré, résumé en un seul point dans l'*état de présence* qui est le sien. Passé, présent, avenir, soucis, idées, projets, tout semble là, condensé, commotionné, porté par l'instant. Et c'est comme si, enfin, nous allions avoir tout le temps pour nous écouter et nous appréhender autrement. Alors, la séance commence, tandis que le silence éloigne du dehors.

À chaque mouvement une inspiration, à chaque autre une expiration et ainsi à chaque cycle respiratoire le corps se relie au souffle. Ce faisant, tandis que nous nous mettons au diapason de notre propre rythme, nous découvrons une liberté nouvelle, car soudain nous ne sommes plus soumis à rien d'autre qu'à notre propre temporalité. Personne pour nous dire d'aller plus vite ou plus lentement. Nous devenons sujet du volume respiratoire qui conditionne la durée de notre mouvement. Nous entrons dans une harmonie qui ne concerne que nous-mêmes. Plus d'obéissance à une autorité extérieure, si ce n'est celle qui nous autorise à *respecter notre rythme et à ne correspondre qu'à soi-même*. Voilà une dimension de toute importance. Elle est là la première consigne subversive qui émancipe des soumissions habituelles. Je crois même que c'est l'événement le plus initiatique de cette pratique, le plus fondamental, celui sur lequel repose tout l'édifice. Cette discipline prend le parti du sujet. Non seulement elle le respecte, mais elle lui enseigne que c'est l'unique condition pour qu'il puisse s'écouter et apprendre quelque chose de lui-même. Alors, dès que la sensation de liberté circule dans le mouvement, dès que le souffle invente son amplitude, les espaces les plus contractés se dénouent et s'aèrent. Le mouvement s'amplifie, et le souffle s'allonge. Pendant ce temps, tandis que le corps, baigné dans la respiration, nous renvoie sa sensation bénéfique d'unité paisible, le rythme des perturbations se ralentit, et le souffle écume sur son passage les pensées les plus importantes pour les soumettre à notre attention.

Nous sommes en train de mettre le doigt sur l'*esprit bienveillant* de cette pratique, celui-là même qui va permettre à la fois un certain discernement et un dépassement de soi-même. En adossant la conscience au bien-être, elle fait de lui sa condition. Aucune violence, aucune emprise, juste l'assentiment toujours recherché des possibilités musculaires et articulaires qui, devant tant de respect, vont peu à peu se mettre à lâcher. En ce sens je dirais que cette pratique est *spirituelle*. La détente que confère le yoga, loin de s'apparenter à la léthargie, donne au contraire un certain ressort. Comme on le dit en athlétisme, « avoir de la détente », c'est trouver dans le corps le rebond d'une énergie, la souplesse et l'élasticité propres au saut. Ce dynamisme intérieur tout en présence et en relâchement donne à la pensée le ressort de ses mutations.

Cette simple expérience posturale vécue dans sa durée, transforme notre façon de voir. Tout se calme et se relativise. Une sécurité s'installe, une force même, une confiance. Une chose à la fois, dit-on souvent, et les priorités s'ordonnent. Les étirements s'effilent et prolongent les souplesses de nos jeunesses, une stabilité se forge dans les efforts les plus soutenus, et un ordre s'institue, harmonieux, entre nos résistances musculaires et les glissades de l'air. Bien souvent même une sorte d'apesanteur décolle les volumes froissés par les tensions les plus sourdes, et les torsions dénouent les contractures les plus étranglées. Nous reprenons notre souffle, comme si nous en avions été dessaisis.

Voyez-vous, cette *relation* attentive au corps, au souffle et au mental, c'est elle que l'on appelle *yoga*, et, comme l'indique mon histoire, la destinée de cette relation est de permettre une séparation d'avec la confusion.

Ainsi s'énonce au mieux ce qui semble souvent un paradoxe: l'*unité* que propose le yoga permet une *séparation*, *viyoga*, d'avec la méprise ou l'ignorance. La racine *vi* qui précède ici en sanskrit le mot *yoga* indique ce qui sépare, la coupure intrinsèque au discernement (*viveka*), au raisonnement logique (*vitarka*), et à la réflexion plus intuitive (*vichâra*) pour devenir ensuite celle de la connaissance (*vidyâ*). Sans cette coupure d'avec la fusion ou la confusion, pas de voir (*avidyâ*). *Avidyâ* est la première grande cause de souffrance selon les *Yoga-Sûtra*. Le préfixe *a* est privatif de lumière, de savoir (*vid*). Il crée l'aveuglement.

Ainsi, de rupture en rupture, la conscience est-elle comme cette paupière qui se lève à demi, puis s'entrouvre un peu plus, pour laisser enfin le regard ouvert sur les choses les plus crues.

Cette expérience demeure bien souvent énigmatique pour ceux qui ne l'ont pas vécue. Comment comprendre le rapport entre corps et conscience quand il n'a pas été expérimenté? Quelque chose résiste à la transmission. Pourtant quiconque pratique un sport sait que l'esprit est plus clair, plus dégagé, plus libre, après avoir fourni l'effort intense que réclame sa discipline. L'oxygénation œuvre à donner la sensation purifiante d'un renouvellement cellulaire, l'agilité d'une tonicité retrouvée, la détente d'une disponibilité.

Le yoga donne une impression supplémentaire. En se mettant du côté du vent, il donne non seulement à celui qui pratique la sensation d'être irrigué par le souffle, mais *poussé* par lui, comme si en suivant son rythme, il réintégrait le flux de la vie, comme s'il se remettait dans le droit fil de son énergie, de sa logique, comme s'il retrouvait le *bon sens*.

Cette impression devrait attirer notre attention, car c'est celle-là même qui ré-enfante… En nous remettant dans le *droit* fil de son énergie, le souffle autorise à la vie, et imperceptiblement redonne le sentiment d'un *droit à exister*, ainsi, ce bon sens nous permet de nous y retrouver. De ce fait le yoga aide aux traitements des dépressions. Un second souffle est donné, une cohérence, une vitalité.

Or en luttant contre un grand vent, comme je l'ai fait pendant tant d'années, on ne peut permettre au souffle de nous pousser. Au contraire, on fait face, et il résiste. C'est en changeant de place qu'on se retrouve conduit par lui. Alors vous allez me dire: «Oui, mais si l'on veut aller dans la direction opposée à celle du vent, il faut bien le contrer pour avancer.» Certes, mais si on poursuit cette métaphore pour comprendre le travail du yoga, il faut *savoir changer de position*, c'est-à-dire cesser de lutter, cesser de se débattre comme une mouche contre une vitre, ne plus aller aussi frontalement dans la direction où l'on croit devoir aller, cesser de vouloir immédiatement ce que l'on veut, et accepter de se laisser emporter par une force contraire plus grande que soi-même. Alors, en se remettant dans la direction du vent, il nous faut consentir à reculer, car emporté par ce mouvement, on repart dans l'autre sens, poussé à revenir là d'où l'on vient.

Et en effet — on ne le sait pas quand on commence le yoga — mais dans une innocence toute neuve, non seulement le souffle apporte le *recul* nécessaire à la réflexion et au changement, mais il incline à revenir en arrière, à revisiter le passé qui remonte, et quelquefois même pour certains à faire une analyse. Il invite à repartir à zéro, comme si sa fonction était de ré-initialiser un autre système de vie.

Celui qui pratique le yoga depuis de longues années sait qu'il allège et purifie et qu'il apporte la patience. Il sait que, par leur difficulté, de nombreuses postures noueuses, symboliques de toute situation difficile, servent à apprivoiser l'effort pour ne pas y souffrir. Le yoga permet ainsi de supporter l'impossible, sans pour autant céder sur notre désir. Pendant ce temps, il nettoie sur son passage. Il délie, démêle, éclaircit les coupes sombres de l'histoire, et débouche sur des clairières de lumière.

Il est difficile de transmettre cette alchimie qui élague, autorise à respirer, et redonne insensiblement le droit d'exister, mais force est de constater qu'il favorise un mouvement de renaissance. Et pour ceux qui, jusqu'alors, ont vécu dans la mort ou l'insignifiance, l'expérience renouvelée du plaisir sensoriel qu'il confère leur permet de découvrir ce que d'autres connaissent sans le savoir, le *goût de vivre*...

Nous pouvons également dire, au regard de mon histoire, que l'expérience du yoga *accrédite la thèse de l'inconscient comme savoir*, jusqu'à offrir une transparence où les choses deviennent lisibles. De pair avec l'analyse, il développe une intuition qui, au-delà de toute raison, œuvre en silence à l'aune de l'inconscient qui s'y révèle.

Vous auriez pu m'objecter depuis longtemps que ce n'est pas seulement le travail du yoga qui m'a permis de voir clair, mais le travail de l'analyse. C'est vrai. Mais pour celui qui est travaillé par la parole, et qui s'engage dans cette double démarche, l'un ne va pas sans l'autre. L'un renvoie à l'autre constamment. Je dirais même plus, l'un *oblige* à l'autre. Ces deux expériences travaillent ensemble à dessiller les yeux. Elles se complètent, et le mouvement de lâcher prise qu'implique la pratique du souffle entraîne l'abandon des résistances. Ce faisant, la respiration, tierce au milieu du corps et de la pensée, aère et sépare les productions imaginaires qui s'y trouvent confondues. Voilà pourquoi je vais jusqu'à dire que l'expérience du souffle série, discerne et tranche. Lorsque le sujet est prêt, les vérités se détachent une à une de leurs funestes alliances, celles de la culpabilité, de la peur, celle de ne plus être aimé, ou d'être rejeté. Une parole se dit. Une conscience surgit. Et en séparant des confusions les plus pathogènes, un discernement s'opère, une différenciation a lieu. Ce mouvement est un mouvement de libération.

Alors, ce qui encombrait s'efface. Et bien que se sachant déterminé par un incurable ou un irréversible qui le caractérise désormais, au cœur du sujet survient un silence, un espace, un vide, celui qui lui permet d'écouter autrui en toute disponibilité.

Vous est-il maintenant plus facile de concevoir un rapport entre corps et conscience?

Au terme de tout cela, souvenez-vous que le yoga est une pratique avant tout, un lieu d'écoute. Il est une rencontre avec soi-même, à chaque fois différente, une *découverte*. Il vous prend là où vous êtes, et il se passe ce qui doit se passer. Si vous vous décidez à en faire l'expérience, vous vous glisserez dans le souffle, et vous prendrez l'habitude d'écouter ce qui parle en vous au-delà des bavardages habituels. Vous sentirez la vie au cœur du moindre mouvement, et vous en épierez la trace et le don, puis, en toute gratitude, vous vous en ferez le signe pour transmettre l'énergie qui la constitue, car pour *transmettre le vivant*, il faut avoir conscience du vivant.

En disant cela, me revient le sourire attentif de ma lumineuse grand-mère aux cheveux de nuages, celle qui m'a transmis son amour, sa gaieté, son goût de l'effort et sa force, et celle qui dans ma nuit profonde fut une étoile à laquelle aujourd'hui encore je demeure suspendue. *Faire* du yoga c'est continuer à *faire* vivre ce lien lumineux qui vous a uni, et vous unit encore de toute éternité, à celle ou celui qui vous a aimé, secouru, et donné son courage. Et à votre tour, ici ou là, rejoignant la noblesse des solitudes assumées, vous transmettrez ce lien — ce lien qui sauve.

Alors vous comprendrez que la force de ce lien est de nature spirituelle.

Je remercie tout particulièrement Michel Peterson qui a souhaité que ce livre soit publié. Je remercie également Giovanni Calabrese pour la confiance qu'il a accordée à cet ouvrage, Olivier Lorelle pour son regard incisif, Peter Hersnack, Ysé Tardan-Masquelier, Béatrice Viard, Christiane Humbert, Michel Alibert et Nicole Deville pour les conférences et les articles qu'ils m'ont demandés d'écrire, me poussant ainsi à poursuivre cette réflexion.

CHAPITRE I
Le pari de Patañjali

> C'est dans la mesure où chacun se fait homme que se constitue l'humanité.
>
> MAURICE ZUNDEL

À l'heure où, dans nos sociétés comptables, l'être humain se trouve menacé d'être réduit à une valeur marchande, toute éthique qui fait le pari de l'être, qu'elle soit issue des philosophies de l'Orient ou de l'ascèse freudienne de notre Occident, se doit de résister à la pression ambiante de la conformité, de la pensée unique et de la rentabilité. Lier ainsi ces deux praxis, le yoga et la psychanalyse, aussi distinctes soient-elles, dans cette résistance, mise sur leur engagement particulier aux côtés du sujet, irréductiblement singulier, et considéré, à la façon kantienne, comme une fin en soi.

Envisager ici que le yoga puisse être « vu par » une psychanalyste implique un « point de vue », c'est-à-dire non pas une vision totalitaire et absolue de ce que serait cette discipline, mais, comme on le dit en Inde, d'un *darshana*. Dire cela ainsi c'est pouvoir se déprendre d'une lecture une, la seule, la vraie, c'est donc admettre qu'il puisse y avoir du « deux », de l'autre et, avec cet autre, de l'échange, de l'éclairage, de la correspondance, mais aussi peut-être du différent et même du différend… Avec l'autre, un vent se met à souffler qui aère et déstabilise quelquefois les idées scellées depuis longtemps.

Admettre cette rencontre c'est donc rompre avec une toute-puissance ou une autarcie qui refermerait sur lui-même le texte fondateur de Patañjali, les *Yoga-Sûtra*, là où, au contraire, la pluralité des sens fait résonner sa richesse. C'est, plus encore, rompre avec une éthique du même contre laquelle les lois morales du yoga, les *yama*, adossent leur travail, car loin d'annuler autrui, comme on l'imagine souvent, c'est en son nom que le vrai travail du yoga commence.

Cette conception de l'altérité appelle donc à des confrontations et à des résonances. Et cette altérité entre yoga et psychanalyse, si elle pousse à une nécessaire ouverture d'esprit, procède d'une *réflexion*, dans le sens où si une praxis consent à faire miroir à une autre, elle peut aussi saisir de celle-ci une image qui lui échappe. Or être « vu par » un autre, c'est être soumis à son regard, avec tout ce que cela comporte de risque d'être mis à nu, mis en lumière, démasqué, dévoilé. Et c'est souvent ce que les gens qui pratiquent le yoga craignent des psychanalystes : d'être mal vus, mal compris, mis en question, sachant au fond que quelque chose d'irréductible résiste à la transmission qui n'appartient qu'à l'expérience.

Mais cette analyste que je suis n'est pas n'importe quelle autre, puisqu'elle pratique le yoga depuis vingt-cinq ans. J'en sais quelque chose de cette discipline qui m'accompagne et me façonne depuis tant d'années. Et si j'en fais mon quotidien, c'est que j'en reconnais la valeur. Cette autre que je suis, de fraternité avec le yoga et l'analyse, est entrée à l'intérieur d'une double expérience, et c'est de là que je parle et que j'écoute... Mais de ce fait, connaissant le yoga de l'intérieur, puis-je constituer une réelle altérité pour cette discipline? Pour qu'il y ait altérité il y faudrait une disjonction, une disparité, une coupure?

Pour répondre à cette question, il me faut alors me situer, et laisser se profiler mon itinéraire pour y voir se dessiner le moment où l'expérience du yoga m'a conduite à l'analyse. Qu'ai-je donc appris de cette expérience, qui fut à la fois un long travail et un passage, au point d'en avoir écrit un livre que j'ai appelé *La sagesse du désir*[1]? Et qu'aurait-elle eu d'inaugural, cette expérience, pour permettre à l'analyse d'en poursuivre le chemin?

1. C. Berthelet Lorelle, *La sagesse du désir. Le yoga et la psychanalyse*, Paris, Seuil, « Couleur psy », 2003.

Expérience

Lorsque le yoga m'a permis cette transition vers le lieu de la cure analytique, il n'a pas simplement dit son insuffisance à soigner ma douleur en déléguant à la psychanalyse le soin de le faire, il m'a permis d'espérer en un lieu qui par la suite pourrait me recevoir, car là, dans le silence diffus du travail du corps, dans son repos même, je me suis sentie *reçue*, accueillie comme par une bonne mère — du moins voulais-je le croire et l'éprouver. À partir de là, tout a commencé, et je crois qu'il faut entendre cela au sens le plus littéral qui soit: quelque chose s'est mis à *commencer* là où ce n'était pas encore, c'est-à-dire là où ça n'avait pas eu lieu, là où ça n'avait pas été possible.

En m'engageant dans cette pratique, qui s'est constituée comme une pause au cœur du temps, un temps où il me semblait que je recollais les morceaux, j'avais l'impression de devenir vraie. Et dire cela ainsi, aujourd'hui, exprime sans doute le sentiment que j'avais d'être éparpillée aux quatre vents, ne sachant ni pourquoi ni d'où me provenait cette sensation de vide d'existence. Je rassemblais les brisures éparses de moi-même avec l'impression de me réapproprier une vie, comme si elle avait appartenu jusque-là à quelqu'un d'autre, ou comme si son secret en était resté captif. Cette sensation reste inoubliable: j'étais en train de me rejoindre. Fallait-il avoir été perdue pour soi-même, ou annexée, privée des coordonnées de sa propre existence pour se sentir ainsi si loin de sa vie.

Cette expérience, chacun la fait à sa façon, et si le dispositif du yoga permet au sujet de se sentir *reçu*, il lui permet ainsi de *se* recevoir lui-même, c'est-à-dire de s'entendre, de se réunifier, de se déprendre du désir de l'Autre, de s'en séparer, de reprendre à son compte ses propres perceptions, de s'extraire du champ de la demande de l'Autre, implicite ou supposée, de se soustraire à son emprise, invisible et tenace, et quelquefois d'accéder à une vérité incontournable et déterminante... Il est l'occasion d'une différenciation.

De ce fait, quand l'expérience du yoga se vit dans sa profondeur, je crois qu'elle est pour chacun ce lieu d'un commencement, fondamental, singulier, inédit, insoupçonné, un lieu d'espoir, où même obscurément le sujet se saisit de lui-même comme le fruit de son histoire et de sa relation à autrui, celle que ses premiers autres (mère, père, frères, sœurs) ont entretenue avec lui. Elle devient ce que

Patañjali appelle dans ses règles éthiques une étude de soi, *svâdhyâya*, une méditation qui pendant longtemps s'ignore, souterraine et muette, et, qui, un jour, dans les méandres d'une maturation, trouve une façon de se faire entendre, de se dire, et d'intégrer pour le sujet ce qui fut vrai, et l'est encore pour lui-même…

Par l'enseignement d'un premier professeur qui a su déléguer au yoga la possibilité de m'instruire, cette discipline m'a autorisée non seulement à naître à moi-même en me sentant vivante pour la première fois, mais m'a enracinée à mes sensations pour m'obliger à m'écouter. Entre un professeur et son élève, c'est donc en place de tiers que le yoga permet un abandon à la perception. Et chemin faisant, *je me* suis entendue.

L'on pourrait dire, à la lumière freudienne, qu'à le formuler ainsi, si *je me* suis entendue, dans ce « je me », le *je* a entendu le moi ; et ce *je*, initial et blessé, carencé, oublié sous les décombres de l'histoire, ce *je*, qui est pour la psychanalyse le lieu du sujet refoulé, voué à l'inconscient, ce *je* a trouvé ici les moyens de se faire reconnaître d'un moi qui, d'habitude, caparaçonné, fortifié, défensif et méfiant « n'en veut rien savoir », nie ses expériences de fragilité, de perte et de dépression qui l'ont amené ensuite à s'identifier à une figure de puissance pour pallier sa défaillance. Car ce *je* souffrant, interdit, est recouvert par un moi qui le censure, c'est ainsi que ce sujet se retrouve barré en croix pour mieux taire sa mémoire.

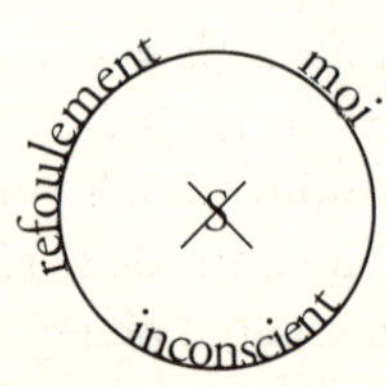

Deux instances sont alors bien distinctes, celle du moi et celle du *je*, l'un (le moi) recouvrant l'autre (le *je*), et il arrive quelquefois à ce *je*, dans les détours d'un abandon, de soulever sa croix, et de se faire entendre. Ce sujet, divisé, barré en croix, est devenu pour la théorie de Lacan ce qu'on appelle le « s barré », qu'il a ainsi écrit *S̸*, barré par le refoulement.

C'est ce même sujet, ligoté, qui est également le lieu du réservoir pulsionnel, appelé le « ça » par la psychanalyse, qui permit à Freud de prononcer cette célèbre phrase qui oriente aujourd'hui encore toute la clinique analytique: «Là où *ça* était *je* dois advenir»... c'est-à-dire «*je* dois advenir» dans la pulsion même. Oserais-je dire dans la pulsion même de la vie?

À travers cette formulation, les *yogin* pourraient entendre un appel à *Prâna*, l'énergie de la vie reçue à chaque inspiration, mais le plein de l'inspiration n'est pas la seule condition de la vie. Avec le yoga des Anciens, puis avec la psychanalyse et les recherches actuelles en biologie[2], nous savons aujourd'hui que la fonction de la vie est intrinsèquement liée à un mourir incessant pour que la vie subsiste[3]. Et cette mort salutaire n'a rien à voir avec la néantisation évoquée plus haut. Au contraire, elle libère de la vie renouvelée, participe au processus de création, et l'*expiration* dans le travail du yoga est ce mouvement (appelé *apâna*) qui invite à l'abandon, à l'élimination, au changement, à la nécessité pour le moi d'un certain «mourir à soi-même» pour que le *je* puisse advenir...

Imperceptiblement, au rythme du souffle, entre inspiration et *expiration*, dans son travail postural qui échauffe et irrigue le corps, lorsque le yoga érode les résistances, il arrive alors que, dans son relâchement, une partie du moi se meure, que ses défenses s'assouplissent et que du refoulé traverse sa forteresse.

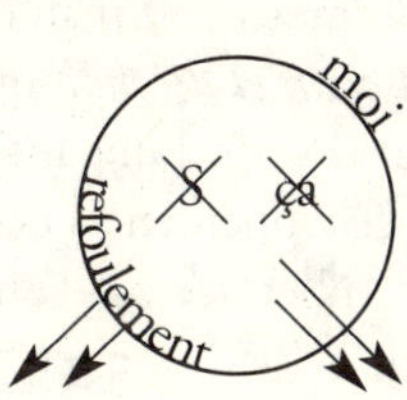

Ainsi, dans le champ même du *travail* du corps, en permettant au *je* de se faire entendre, et au moi de se reconnaître dans ce *je* qui remonte à la surface, le yoga met le pratiquant en relation avec de la vérité réactualisée — vérité qui affleure à la conscience comme la vase affleure sous l'eau de l'étang (sous l'eau de l'«étant»). Et cette vérité, contenue dans le sujet de l'inconscient, la psychanalyse nous apprend

2. Je me réfère aux travaux de Jean-Claude Ameisen, notamment *La sculpture du vivant*, Paris, Seuil, 1999.

3. Je pense ici à la nécessité des «cellules suicides». Voir D. Hervieu-Léger et E. Hirsch (dir.), *Qu'est-ce que mourir?*, Paris, Le Pommier, 2003, p. 26-38.

qu'elle nous détermine tels que nous sommes. C'est de cette glaise que nous sommes faits. Elle nous modèle, nous sculpte, puis nous définit. Et cette définition, qui ne cesse de s'affiner, de se clarifier dans une cure, cette définition, au sein de tout travail thérapeutique, procède d'un *voir* — un *voir* qui, dans le travail du yoga, prend sens dans les sensations du corps, puis dans la méditation —, un voir que l'Inde appelle *vidyâ*. Et ce voir qui devient sa-voir se réfléchit dans l'acte de méditer et de se laisser méditer par ce qui affleure (*dhyâna*), tel est le processus de la pensée dans le travail de la chair. *Sensibilité-perception-conscience*, tel est l'un des chemins du yoga qui traversent l'opacité des résistances, ou des surdités, pour qu'enfin se symbolise une réalité vivante. Ainsi, plus la pratique du corps accroît la sensibilité, plus le sujet est à même de percevoir ce qui l'anime, et d'en prendre conscience. La relation *sensibilité-perception* est la garantie de la conscience. Mais ce que la psychanalyse nous apprend avec Freud, c'est que l'avènement de l'inconscient se situe entre perception et conscience. Quand une représentation inconciliable avec le moi s'avance à la conscience, immédiatement le mécanisme du refoulement se met en place. C'est donc « à fatiguer le moi[4] » que peuvent être espérés l'assouplissement des défenses et le passage d'une vérité.

Quand une psychanalyste parle du yoga, voilà donc ce qui l'intéresse : que le yoga permette, à l'insu de toutes les résistances, l'*union du sujet de l'inconscient et du moi*, que le moi vienne mourir dans le *je*. Qu'il y ait là, par le biais d'une maïeutique dont le yoga a le secret, l'opportunité d'un échappement, l'occasion d'une élucidation, la levée d'un refoulement. N'est-ce pas là une des définitions envisageables du mot yoga que celle d'une retrouvaille, d'une union ou d'une réconciliation entre le sujet et sa vérité ?

Mais avant d'en arriver là, aveuglément, le sujet avance dans l'obscur, à tâtons, sans savoir ce qu'il frôle ni ce à quoi il touche. La conscience traverse une masse épaisse, opaque, résistante, pour s'approcher un jour, peu à peu, d'une réalité, incontournable. Car le corps est le lieu d'un « déjà là » dont l'expérience, dans les replis de la mémoire, dévoile ce qui a fait trauma. Les impressions deviennent souvenirs, les images du corps, traces psychiques, et leurs effets jettent une lumière crue (si ce n'est cruelle) sur un réel qui fait loi.

4. Voir C. Berthelet Lorelle, *Les créations du corps et de l'inconscient*, Lyon, Cahiers de Présence d'Esprit, 2004, p. 22.

C'est donc dans cette appréhension saisissante de « ce qui fait retour » que le sujet advient au cœur de lui-même. Grâce à *svâdhyâya*, cette expérience particulière du yoga, quand le sujet y est entendu, corps et psychisme trouvent une alliance, au point que certaines représentations se forment et dévoilent une logique signifiante à qui sait l'entendre.

Ainsi, à l'aube de ma rencontre avec le yoga, tout comme ce premier professeur m'apprit à m'abandonner au souffle, à l'écoute, et au relâchement, il me permit d'imaginer que je pouvais être reçue, que ma parole pouvait l'être aussi, et qu'à travers elle peut-être je trouverais un sens au désastre inavoué qui était le mien. Ce qui donc avait été jusqu'alors improbable devenait possible. L'impensable même devenait pensable : « je » pouvais être acceptée, sans avoir à payer une dette inépuisable à celui ou celle qui m'accueillerait ni éprouver de honte à être ce que je suis. Quelqu'un allait pouvoir me recevoir, et ce, telle que j'étais, c'est-à-dire avec tout ce qui semblait clocher en moi et que je croyais mauvais.

Cela en dit long, bien sûr, sur la confiance que j'accordais à cette personne, et sur ce que je projetais sur elle : enfin, quelqu'un répondait ! Quelqu'un qui, par son travail, son être et sa présence, me laissait penser que j'allais pouvoir m'appuyer sur elle, et compter avec elle. Cette confiance, c'est ce que la psychanalyse appelle le « transfert ». J'avais transféré sur cette femme ce à quoi je voulais croire, ce qu'il m'était nécessaire de faire exister, et qui m'avait terriblement manqué.

Il est souvent impensable pour celui qui n'a jamais voulu « faire d'histoire », ou dont l'histoire l'a dérobé à lui-même, d'imaginer pouvoir compter sur quelqu'un, ou mieux encore d'imaginer compter *pour* quelqu'un. De ce fait comment prendre appui sur autrui, ou même demander de l'aide ? Cela est pour le moins inconcevable ; mais l'ascèse du yoga, dans son travail de corps, installe dans le sujet des appuis, et lui permet d'éprouver la présence d'un support et d'une assise. Alors, comme beaucoup, prenant appui sur cette consistance nouvelle, j'ai trouvé au fond de moi la force de reconnaître ma souffrance, et le courage de la nommer, là où elle avait appris à *passer sous silence*, interdite d'accès, indigne de se montrer. À partir de là j'ai su que j'allais devoir en parler.

Le yoga m'a donc amenée jusqu'à ce moment précis et décisif où la détresse a rencontré sa parole, et où la parole, frayant son chemin, a cherché à se dire. Il me fallut donc trouver quelqu'un à qui la donner.

« Donner sa parole » signifie aussi, dans la langue française, « faire une promesse à quelqu'un ». Il y avait là en effet l'amorce d'une promesse: j'aurais à tenir parole, là où le *je* (de *j'*aurais), apostrophé par l'autre, avait à se tenir dans cette parole. Voici donc, à la lumière de ce mouvement, la progression induite par le travail du yoga:

Premier temps: c'est l'inattendu d'une découverte. Cette discipline permet au sujet de prendre place en lui-même, de s'y reconnaître. Il apprivoise ses défenses.

Deuxième temps: son corps délivre de la sensation et, chemin faisant, il draine de la mémoire et de la vérité. Les résistances s'ameublissent. La conscience avance et se fraie un chemin le long des événements qui font signe. L'inconscient se découvre.

Troisième temps: la souffrance est reconnue. Et le sujet se décide à s'approprier son histoire, et à s'affranchir du silence. C'est le temps, pour certains, du passage à l'analyse. Tout comme l'*enfant se sépare du silence qui le confond à sa mère* (et plus encore à l'inconscient de sa mère) ils entrent dans la parole qui les différencie. Ainsi le yoga passe-t-il le *témoin*[5] au travail analytique. Nous reconnaissons ici dans le signifiant « témoin » la notion de *drashtar*, ou de *purusha*, la conscience, telle qu'elle est souvent traduite dans la tradition du yoga. Le sujet dans le yoga se fait le *témoin* d'une souffrance, qui en passe la conscience à l'analysant qu'il devient.

Voilà comment, dans cet itinéraire particulier, le yoga et l'aventure analytique se sont pour moi liés, soutenus, apprivoisés l'un l'autre, l'un au service de l'autre, mais chacun dans son espace propre: le yoga, objet de lien entre corps et psychisme, objet de transition, ou objet « transitionnel », comme l'aurait dit Donald Winnicott, à la lumière d'une relation nouvelle avec un premier professeur; et l'analyse, aventure initiatique où j'étais, à corps perdu, prête à revivre le plus vif de l'oubli.

À ce moment-là, je n'ai pas abandonné la pratique du yoga pour autant, mais j'ai cessé de tout lui demander, et ce faisant, en m'amenant au seuil d'une parole dont j'étais loin d'imaginer toutes les conséquences, le yoga a fait exister de l'autre. De l'un, il a su faire du deux, et du deux il créa du tiers. Avec celui-ci un écart s'est constitué, une perspective s'est profilée.

---

5. Est appelé « témoin » dans la tradition de l'Inde, le *purusha*, la conscience, dont l'étymologie dit qu'il réside dans la cité du corps.

À cet endroit du récit, je ne puis m'empêcher de rendre ici hommage à cette parole de Jacques Lacan, tant elle exprime le mouvement d'une telle démarche: « C'est qu'à une vérité nouvelle, on ne peut se contenter de faire sa place, car c'est de prendre notre place en elle qu'il s'agit. Elle exige qu'on se dérange[6]... »

Il arrive en effet un moment où il ne s'agit plus seulement de « se contenter » d'apercevoir la vérité, comme un témoin oculaire qui la regarderait de loin. Et cela pourrait s'écrire ainsi:

S --------→V

Mais il s'agit de « prendre notre place en elle » dit Lacan. Et prendre notre place en elle, cela peut s'écrire ainsi — selon le déplacement du sujet vers la vérité pour qu'il vienne se loger en elle:

--------→ $\overset{S}{V}$

C'est dire qu'il y a un mouvement à accomplir, un déplacement à faire, pour habiter cette vérité, pour la devenir et la mettre en acte. En d'autres termes, pour épouser son symptôme. En ce sens « elle exige qu'on se dérange »...

N'est-ce pas ce que signifie Patañjali lorsqu'il définit à l'aphorisme I.17 de ses *Yoga-Sûtra* la dernière étape du yoga, lorsque le sujet (*asmitâ*) prend la forme (*rûpa*) de ce qu'il réalise, lorsqu'il devient ce qu'il a compris (*asmitâ-rûpa*), c'est-à-dire lorsqu'il fait corps avec? Voilà peut-être comment nous pourrions dessiner cela: le V de vérité devient alors, pour le sujet, le Y de yoga, son appui et son ouverture vers le haut.

———→ $\overset{S}{Y}$

Comme on le voit, cette unité entre le sujet et sa vérité nécessite non seulement un déplacement, mais la création d'une autre forme, une *transformation*. Le sujet trouve un nouveau contenant, celui de la vérité, et par là même une *contenance* nouvelle. L'essentiel étant, comme le dit Lacan, de se déranger pour prendre notre place *en* elle, car il ajoute qu'« on ne saurait y parvenir à s'y habituer seulement. On s'habitue au réel. La vérité on la refoule. »

6. J. Lacan, *Écrits*, Paris, Seuil, p. 521.

Ainsi ce chemin, bordé par le symptôme comme vérité — un symptôme dépouillé de sa souffrance —, m'a conduite là où je suis aujourd'hui, à une place qui lui correspond. De cette correspondance, je n'entends pas seulement ce qui lui convient, ou ce qui lui ressemble, mais ce qui *s'écrit* encore à cette place; car de cette *correspondance* entre la place de l'analyste que j'occupe, faite de silence, et le symptôme qui lui correspond, il *s'écrit* une nouvelle version du désir.

Le travail analytique, lorsqu'il réussit à retourner le symptôme comme un gant, dégage le désir du sujet de l'emprise de la pulsion de mort, et lui permet d'en faire usage. Le symptôme n'est plus ici chargé d'ignorance comme aux premiers temps de la cure. Il ne se cogne plus comme un aveugle aux choses et aux autres, à la vie même, mais, devenu savoir, il permet au sujet d'endosser la vérité qui le sous-tend et de savoir composer avec. Ce «savoir-y-faire avec le symptôme», comme le disait Lacan, est une *création*, une pure invention du symptôme lui-même, et le retournement de celui-ci, un mouvement irréversible. Nul retour n'est possible pour celui qui a vu. Il avance et va, déchire les voiles du mensonge, et se brûle, pour lui et les autres, au courage d'assumer. Un style s'en dégage, une persévérance, une transmission.

Le yoga, une mise en mouvement de l'être

Que pourrais-je dire alors de cette transmission? De cet itinéraire entre yoga et psychanalyse, j'ai obtenu une certaine compréhension et, après avoir traversé cette expérience pour moi-même, je l'ai mise au service d'adolescents dans une institution thérapeutique où je travaillais — des adolescents très perturbés qui n'avaient pas accès au dire. Là, la pratique du yoga m'est apparue pour eux la voie royale de la thérapie psychomotrice, une antichambre de la parole. Pour ces enfants qui craignaient la menace de l'intrusion d'autrui, et qui ne connaissaient pas le chemin de la symbolisation, refus et crainte faisaient d'eux des *intouchables*, en marge du social, rivés au silence, déportés vers la violence, perdus pour eux-mêmes. Certains, pourtant, ont consenti à frapper à ma porte, et c'est avec eux que j'ai commencé à entendre les rapports du corps, du souffle et de la parole dans leur lien à l'inconscient.

Pour concevoir ce travail, il a fallu non pas considérer le yoga comme un arrêt sur image, ou le réduire à l'immobilité de sa posture méditative, mais au contraire comme une mise en mouvement, une écriture gestuelle qui libère le corps de ses tourmentes et fait de lui un espace pour écouter, penser, se souvenir, s'émouvoir. Ce travail ne vise donc pas l'exquise béatitude de l'impensé ou les sphères narcotiques de l'osmose, mais il permet de laisser affleurer en soi ce qui se dit et s'éveille à la formulation. Et en effet, j'ai vu ces adolescents s'ouvrir à leurs sensations et s'approcher doucement d'une écoute intérieure en s'appropriant le vécu singulier de leur souffrance. Peu à peu ils se sont mis à parler et certains ont pu faire une demande de psychothérapie. Le corps a donc été pour eux le médiateur d'une expérience psychique, le lieu d'une parole intérieure.

Dans le droit fil de ce travail institutionnel, quelques personnes ensuite m'ont demandé de les accompagner dans leur itinéraire thérapeutique avec le yoga — souvent des gens qui étaient en train de faire une analyse, ou en avaient déjà fait une, ou des professeurs de yoga ou des pratiquants qui voulaient approfondir leur pratique dans le sens d'une élucidation de leur symptôme, tous dans une démarche spirituelle. Ce sont ces personnes qui m'ont donné envie d'écrire un livre à ce sujet pour montrer, en accord avec les textes, que le yoga n'est pas qu'une simple gymnastique du bien-être, mais que cette spiritualité, selon Patañjali, en passe par une dimension éthique et psychique, et qu'elle est avant tout une ascèse, un travail, le processus d'un discernement (*viveka*).

De ce fait, la demande thérapeutique de ces personnes, ainsi que ma façon de les écouter, les a situées dans ce que la discipline éthique des *Yoga-Sûtra* (les *niyama*) appelle *svâdhyâya*, l'étude de soi.

Dans cet ouvrage, mon propos n'a pas été d'inventer une « nouvelle façon de faire », en amalgamant, comme on le fait beaucoup en ce moment, deux domaines, pour n'en faire qu'un seul. On secoue ensemble le yoga et la psychanalyse, et ça fait un cocktail formidable ! Non. Il m'importait de signifier, grâce à des exemples bien vivants, et en faisant retour au texte fondateur des *Yoga-Sûtra*, à quel point le yoga est un travail — non pas l'engourdissement de l'esprit vers un état décérébré, tel qu'il est souvent considéré, mais un processus d'élucidation, de discrimination, une graduation vers un discernement toujours plus acéré, une mise en mouvement de l'être. C'est cette clarté de l'esprit qui est visée, et qui apporte, à travers les détachements qui allègent, la joie dont parlent les textes. Cet effort procède non pas d'un aimable divertissement, mais d'un engagement soutenu, d'un « désir décidé », comme le disait Lacan de l'analyse elle-même, d'une épreuve.

Revenir aux textes anciens m'a donc permis de montrer que des concepts tels que celui de l'« analyse » ou celui du « raisonnement » ne sont pas exclus de la discipline du yoga et que, bien au contraire, ils en constituent, *littéralement*, les étapes nécessaires. Car, on le verra plus loin, ces deux dimensions, l'analyse et le raisonnement, appartiennent textuellement à la définition même du *samâdhi*, l'état de yoga, tel qu'il a été décrit par Patañjali[7].

Avidyâ et inconscient

Ce livre a donc essayé de faire résonner des savoirs, celui du yoga et celui de la psychanalyse, en articulant ce qu'il pouvait en être de la clinique et de la spiritualité par le biais d'une éthique du sujet, et de sa vérité. Car si Patañjali avait connu Freud, la découverte freudienne de l'inconscient aurait résonné avec ce que ce sage indien a appelé *avidyâ*, la méconnaissance.

Pour l'Inde, l'ignorance demeure essentiellement spirituelle et métaphysique, mais elle est aussi, étymologiquement, et de façon plus pragmatique, *a-vidyâ*, l'impossibilité de voir. Vingt-cinq siècles plus tard, à la lumière de la psychanalyse, nous apprenons, avec la théorie du refoulement, que ce n'est pas seulement d'une impossibilité de voir que procède l'ignorance ou ce qui est inconscient, mais aussi d'un refus inconscient de voir, d'un aveuglement, c'est-à-dire d'un « je n'en veux rien savoir », comme le disait Lacan. Et qu'observons-nous dans les *Yoga-Sûtra* ? Que cette notion y est déjà présente. Patañjali fait non seulement de la méconnaissance la cause principale de la souffrance, mais il fait du refus, *dvesha*, l'un de ses prolongements ou de ses renforcements. C'est ainsi qu'à l'aphorisme II.3 l'ignorance, *avidyâ*, est *mère* de quatre enfants, tous causes de souffrance (*klesha*), et dans cette progéniture figurent l'ego, l'avidité, le refus et la peur.

Et si l'ego (ou l'égoïsme, l'égocentrisme, l'orgueil, appelons-le comme on veut) se révèle ici le fils aîné de la méconnaissance, il en est le produit, son effet même. L'épreuve consiste donc pour le *yogin* à

7. Au sûtra I. 17, la définition du *samâdhi*, l'état de yoga, est composée de quatre termes *vitarka-vichâra-ânanda-asmitâ-rûpa*. Les deux premiers sont le raisonnement analytique et l'intuition approfondie. Les deux derniers termes sont la conséquence des deux premiers : la joie d'avoir compris et la faculté de devenir ce que l'on a compris.

faire *déconsister* le moi de son ego, c'est-à-dire de son narcissisme offensé (*asmitâ*), de sa voracité rageuse (*râga*), de ses refus (*dvesha*) et de ses peurs de l'autre (*abhinivesha*[8]), pour obtenir cet au-delà qu'est la connaissance — connaissance dont l'humanité et la générosité signent toujours la présence. C'est donc, au dire de Patañjali, *moins* d'ego, *moins* d'avidité rageuse, *moins* de refus et *moins* de peur, qui donnent accès à la connaissance (*vidyâ*).

De son côté, plus de deux mille ans plus tard, Freud a donné à l'ignorance le statut de l'inconscient, et tandis qu'il fait du moi défensif le censeur de la vérité du sujet, il parle non pas des enfants, mais des «*rejetons* de la pulsion[9]», ces rejetons pulsionnels franchissant la barrière du refoulement et faisant retour dans le symptôme — le symptôme étant, selon lui, la «forme substitutive de la motion pulsionnelle refoulée». Reconnaissons que cette *parenté* ne manque pas d'intérêt. Entre les «enfants» d'*avidyâ* et les «rejetons» de la pulsion, ces résonances m'ont fait tendre l'oreille... Car l'ego, l'avidité, le refus et la peur, comme enfants de la méconnaissance, ne sont-ils pas la plupart du temps inconscients, c'est-à-dire de purs produits de l'inconscient, qui font de nos frustrations relationnelles des petites bombes pulsionnelles à retardement? Ne font-ils pas retour en effet dans le symptôme comme «forme substitutive» d'une pulsion refoulée?

Voilà une hypothèse de travail qui nous permet d'interroger à la lumière freudienne ce que Patañjali, au cinquième siècle avant notre ère, a appelé les *klesha*, les sources de nos afflictions.

Dans la perspective psychanalytique, ce qui fut interdit, barré en croix, refoulé, cherche sa répétition, sinon sa réalisation dans le symptôme, car toute pulsion ne renonce jamais et veut obtenir satisfaction.

---

8. *Abhinivesha* est plus particulièrement la peur de la mort, c'est-à-dire le refus de la perte, la figure même de l'attachement, son angoisse.

9. Rappelons que Freud, dans un premier temps, a sérié les pulsions en deux groupes conflictuels, les pulsions sexuelles s'opposant aux pulsions d'autoconservation du moi, puis, dans un deuxième dualisme, il opposa les pulsions de vie aux pulsions de mort. Rappelons également qu'il a donné à la pulsion à la fois le statut d'une «énergie qui se dépense» et celui de «représentant psychique» des excitations issues du corps et parvenant au psychisme, et qu'il a ainsi montré, dans «Inhibition, symptôme et angoisse», comment les «rejetons pulsionnels» refoulés, associés à des représentations jugées inconciliables par le moi, revendiquaient leur dû, franchissaient la barrière du moi, celle du refoulement, et faisaient retour dans le symptôme, comme «forme substitutive de la motion pulsionnelle refoulée».

Ces « rejetons de l'inconscient », que Freud a également appelés « retours du refoulé » et qui s'échappent de la forteresse du moi censeur, donnent ainsi lieu à des formations psychiques que l'on appelle aussi « formations substitutives » ou « formations de l'inconscient », selon l'expression de Lacan. Ainsi les rêves, les lapsus, les actes manqués et les symptômes s'échappant du contrôle du moi sont autant d'expressions de l'inconscient à déchiffrer. Pour la clinique psychanalytique, le symptôme est de ce fait considéré comme une « formation de l'inconscient », une « formation substitutive de la représentation de la pulsion refoulée », disait Freud, et c'est l'analyse qui en dévoile le sens et l'origine. Dans cette logique, si selon Patañjali l'orgueil, l'avidité, le refus et la peur sont des « rejetons » de l'aveuglement, causes de souffrance, en tant que symptôme et charge pulsionnelle, ils détiennent eux aussi un savoir.

Devant cette lecture psychanalytique des *Yoga-Sûtra*, une logique symptomatique s'éclaire peu à peu, et Patañjali, de fraternité avec Freud, apparaît ici comme un sage clinicien, même si c'est en tant que philosophe qu'il élève à la dignité d'une morale l'orientation du yoga. Savamment instruit des passions de l'être humain, il dessine dans les entrelacs de ses aphorismes un mouvement qui entraîne celui qui pratique vers un relâchement propice à l'écoute, et c'est dans l'expérience même de ce lâcher-prise corporel et mental que s'esquisse une sagesse qui consiste à évider le moi de sa prétention (*asmitâ*). Ce relâchement (*shaithilya-ananta*) est en même temps l'avènement d'un abandon, puis d'une soustraction, qui fait du « moins » une valeur.

Une éthique du « moins »

Ce « moins », le souffle cherche à le créer grâce à l'expiration et au vide qu'elle génère, puis grâce à l'*uddîyâna bandha*[10] qui en accroît l'intensité. On retrouve sa présence dans les concepts de lâcher-prise (*vairâgya*, *shaithilya*), d'élimination (*apâna*), puis dans les valeurs éthiques du yoga : le concept d'*aparigraha*, que l'on peut traduire par

10. L'*uddîyâna bandha* est à la fois une technique et une création naturelle du souffle, lorsqu'à la fin de l'expiration, dans la suspension vide, le ventre se retire sous les basses côtes en créant une vacuité abdominale qui est le signe d'un complet lâcher-prise. Ce *bandha* qui masse ainsi tous les organes digestifs favorise l'élimination.

non-possessivité, ou non-avidité, la notion d'*asteya*, qui signifie « non-vol » ou honnêteté, puis celle de *brahmacharya*, qui évoque modération et sagesse, inclinent à une logique de la gratuité, du dépouillement, et du désintéressement.

Or cette soustraction est un défi à notre modernité. À l'heure où dans notre monde la force, l'agressivité, la rage de vaincre, tentent de s'ériger en maîtres, toujours liées à du « plus » (plus de puissance, plus de croissance, plus de consommation, plus de territoires, plus de reconnaissance, etc.), et ce « plus » conduisant à bien des violences meurtrières, le « moins » a bien mauvaise presse. Déjà dans l'enfance du petit de l'homme, ce « moins » n'a guère été facile à accepter. Car il convient d'avoir pour être, et d'avoir toujours plus, et surtout plus que le voisin ou le frère ou la sœur (c'est cela *râga*, cette passion avide dont parle Patañjali). Et certains adultes ne quittent pas ces rivalités d'enfance.

Comment vivre alors avec ce qu'on n'a pas, et qui nous manquera toujours, cette part de nous, qui se trouvait logée dans l'Autre et que nous avons perdue à peine venus au monde, quittant le placenta pour naître, puis le sein, puis, de perte en perte jusqu'à cette solitude qui nous constitue aujourd'hui, sevrés, autonomes, mais éternellement manquants ?

Freud, au sein de sa clinique, repéra un moment stratégique, l'angoisse, ce par quoi le sujet passe quand il craint de se voir privé du Tout qui fait sa puissance, sa complétude, ou sa sécurité. Au début, aux yeux de l'enfant, c'est la mère qui détient ce Tout phallique, le Tout qui comble, elle est la puissance incarnée. Puis la dimension œdipienne rectifie cette façon de voir, car l'organe phallique vient représenter, côté père, ce « plus » que le petit garçon possède mais qu'il craint de perdre, et ce « plus » que la petite fille n'a pas et qu'elle tente de conquérir de maintes manières pour suppléer à ce qu'elle croit être son insuffisance. Voilà donc sommairement comment se profile la logique du désir, et comment ce qui nous manque devient objet du fantasme en place de ce « plus » dont nous sommes privés.

Au début, il y a ce qu'on appelle l'aliénation fondamentale de la mère et de l'enfant. L'enfant est contenu dans la mère, il est contenu même dans l'inconscient de la mère, c'est la clinique analytique qui nous l'apprend, et il faut quelquefois toute une vie au sujet pour s'en dégager, et c'est alors une deuxième naissance. Là, dans cette osmose primordiale, mère et enfant sont reliés l'un à l'autre par le placenta puis le sein qui deviennent des objets de complétude et de satisfaction qui les unissent l'un à l'autre. Nous pouvons schématiser ainsi cette osmose première :

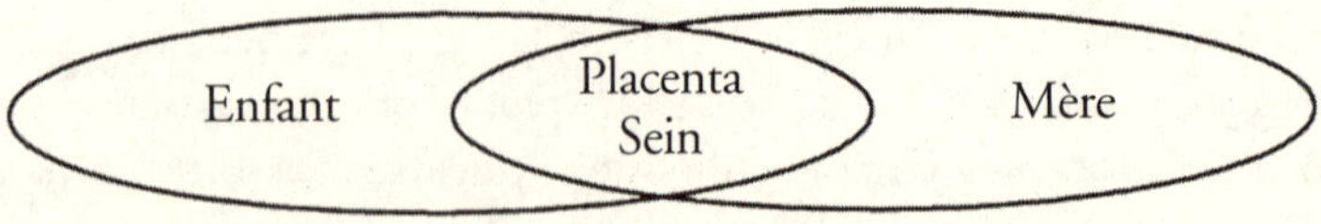

Schéma que Lacan a rendu à l'abstraction avec ses concepts de S barré, de A barré et d'objet « a » :

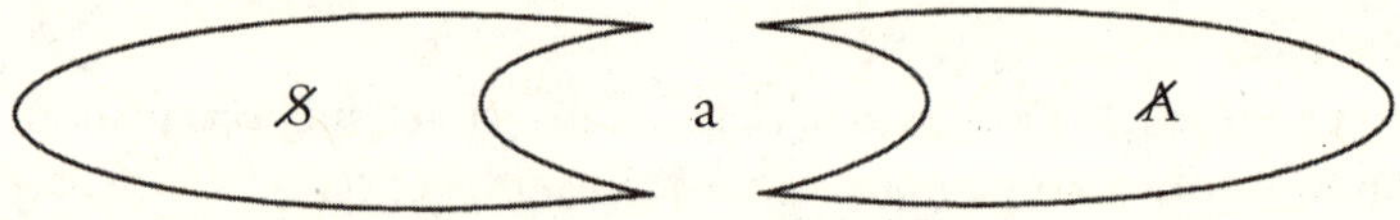

Le $\cancel{A}$ et le $\cancel{S}$ sont barrés car à eux seuls ils sont privés de leur totalité. Une partie de leur être se trouve dans l'autre. Si l'un se retire, l'autre est amputé (la mère y compris), ce qui ne manque pas d'arriver lorsque, de perte en perte, s'opère un processus de différenciation progressif, et que l'objet « a », cause du désir, qui assurait jusqu'alors l'assouvissement, la plénitude, et la sécurité du sujet, vient à choir. Et c'est la chute du paradis perdu.

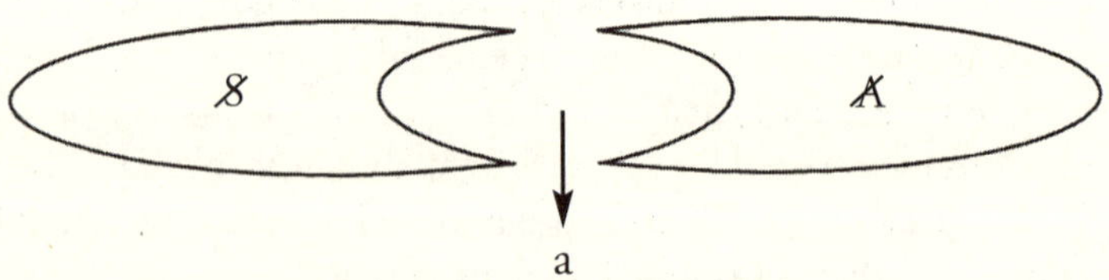

Ainsi se détache de ce grand Autre maternel la part que l'on croyait nôtre et qui fait aujourd'hui l'objet de notre désir. C'est ainsi que Lacan écrivit sa formule du fantasme : $\cancel{S} \diamond a$ (S barré poinçon de a). Si le $\cancel{S}$ est barré, c'est qu'il signifie l'amputation de la totalité du sujet, la barre étant mise sur l'impossible retrouvaille avec l'osmose primordiale, la jouissance mythique. Le poinçon exprimant que le sujet est à la fois, de temps à autre, relié ou séparé de l'objet de son désir, cherchant par l'objet « a » (cause du désir) à recréer son unité et combler la faille de sa division. Nous pouvons alors nous demander si le yoga, qui crée complétude et satisfaction, ne serait pas une autre façon de croire retrouver cette jouissance primordiale… permettant à certains de goûter à la suffisance et au sentiment de puissance.

Or laisser vacante cette place entre $\not{A}$ et $\not{S}$ revient à quitter ce que l'on appelle « l'enfant phallique de son fantasme » : cesser d'endosser les insignes de la puissance pour tenter d'obturer le vide qui nous sépare de l'Autre, lâcher la position de celui qui veut toujours combler la mère mythique pour en être en retour à nouveau comblé. Cela revient à lâcher ce vœu de totalité, de reconnaissance, ou de complétude par lequel le sujet tente d'obtenir de l'Autre réparation, existence ou prestige. Il est là, à mes yeux, l'enjeu du spirituel, sur les lieux du psychique, dans cette épreuve, que l'on appelle depuis Freud « l'épreuve de la castration » : quand quelqu'un consent à se décompléter du phallus de son fantasme ; quand il lâche la tension et la violence qui lui sont inhérentes, celles d'un moi qui veut toujours prouver ceci ou cela ; quand il accepte la position d'un vide, d'un « moins », qui, de ce fait, fait place à de l'autre. Ce que Lacan appelle le « manque à être » devient alors ouverture. Le moi identitaire ne cherche plus à se refermer sur lui-même. Il assume une fracture qui débouche sur de l'infini, de l'ouvert, de l'inachevé, de l'inconnu. Mais accepter de laisser ouvert l'espace de cette béance revient à assumer une certaine solitude, la dépression initiale d'où nous venons.

Le travail psychique devient ici dimension éthique. Ce « roc de la castration », Freud disait qu'il était impossible à dépasser, on ne ferait que buter contre lui. Pour Lacan il y avait la possibilité d'une « jouissance autre », dont témoignent les mystiques. En ce sens, le travail psychique creusant le lieu d'une vacuité, le féminin de l'être, ce « moins », lié à une démarche spirituelle, devient le prix à payer, la condition pour entrer dans un autre rapport à autrui, un rapport non plus jaloux, vorace ou intéressé, mais libre et différencié, fraternel.

C'est de ce rapport que le yoga fait son éthique, une éthique de l'altérité (les *yama*) qui loin de rendre sa pratique autarcique, comme on le croit souvent, oriente sa démarche vers ce que Levinas aurait appelé un « autrement qu'être ». Le sujet, dépossédé des atours de la prestance, séjourne au bord d'une absence. Liant ainsi au spirituel la dimension d'un travail psychique, la pratique philosophique du yoga cerne peu à peu un vide, une déflation de l'ego, un détachement, c'est-à-dire un réel en acte — un réel au sens lacanien du terme, c'est-à-dire un impossible structurel, dont on devine la nature vertigineuse. Voilà, ce que j'essaie de dire : si le sujet consent à s'ouvrir au manque et à la perte, à se dévêtir de ses apprêts narcissiques, à lâcher son goût de la force et du pouvoir, il s'offre alors à la sagesse d'un désir autre et, peut-être, à l'avènement de l'amour.

La couleur est donc annoncée. Deux champs très distincts, le yoga et la psychanalyse, qui d'habitude s'excluent l'un l'autre, sont mis en regard. L'un par la clinique, l'autre par la spiritualité, tous deux s'articulant à un travail psychique. Une expérience les rassemble, celle de la perte, qui permet, en cernant leur écart, d'entendre leurs correspondances à travers les dits de Patañjali, puis ceux de Freud et de Lacan. Le spirituel est, ici, dégagé du religieux.

Mais pour qu'un tel travail se mette en place, certaines convictions sont nécessaires. Pour reconnaître au yoga la matrice qu'il est pour la vérité du sujet de l'inconscient (même s'il ne remplacera jamais une analyse), certaines démarcations sont nécessaires. Le yoga dont je parle et que je pratique ne vise pas l'« extinction du mental », comme on dit, et ne vise pas le grand vide de la pensée. Il modifie l'état d'esprit certes, il apaise, clarifie, discerne, rend réceptif et ouvert, mais il se fait le partenaire du symbolique, partenaire de « ce qui est en train de se dire » et de s'intégrer, car même au plus profond des silences il y a toujours un sujet pour s'en faire le témoin, en prendre conscience et en vivre l'expérience. Il convient donc à ce titre de marquer une rupture décisive avec l'idée que le yoga est une lobotomie. Il s'agit plutôt de reconnaître que des notions telles que le raisonnement et la réflexion (*vitarka* et *vichâra*) sont impliquées dans la notion de méditation dont parle Patañjali (*dhyâna-samâdhi*), et que, pour ce faire, un objet de méditation est à élire pour un discernement à venir (*viveka*).

Dans cet esprit, je voudrais extraire du yoga trois fonctions grâce auxquelles sa pratique devient une opération pour la conscience.

La fonction tutélaire du yoga

Dans un premier temps, à la lumière de mon expérience avec ceux et celles que j'ai accompagnés dans ce travail, je dirais que, si cette discipline permet à certains d'accoucher d'eux-mêmes, c'est qu'elle leur offre une structure qui les soutient dans leur être, une unité psychomotrice qui les fortifie, édifiant des axes et des repères nouveaux pour une nouvelle stabilité. Je veux dire par là que son appareillage technique permet de faire tenir celui qui s'effondre en construisant des appuis là où il n'y en avait pas. Il invente au corps une nouvelle enveloppe qui se substitue à la précédente tissée d'évanescence. Et en remédiant à son inconsistance, il fait du corps un lieu stable qui s'offre à la perception, un lieu où résider pour s'écouter, penser : un espace intérieur.

Didier Anzieu parlait d'un « moi-peau », on pourrait parler ici de restauration narcissique, d'un « yoga-peau », dont la pratique réveille une mémoire archaïque, en réparant une unité première en place et lieu de celle qui a manqué, trouée par les carences ou les traumatismes, les défauts du symbolique. Et pour ce faire, son travail sensoriel unifie, densifie, reconstitue les tissus de la vitalité, tandis que le souffle recompose le paysage énergétique dans les endroits du corps où les ravages ont entraîné des fuites. Car c'est dans l'expérience de la souffrance et de la mort psychique que s'évapore ce que l'Inde appelle *prâna*, l'énergie vitale, la *force de vivre*, et que Freud désigna comme la « pulsion de vie ».

Ce que j'appelle « mort psychique », c'est l'impossibilité pour un sujet de *penser sa souffrance*. C'est la désespérance muette, la détresse silencieuse des yeux d'enfants, par exemple, qui, hors symbolique, sans pouvoir s'ouvrir à quiconque d'une plainte, subissent une situation d'impuissance et de dommages affectifs. Rien ne peut se dire de l'interdit de parole dont ils sont faits. D'inconscient à inconscient, ils sont soumis au silence, colonisés par une famille souvent pathogène, sans pour autant pouvoir se déprendre du désir d'en être aimés, car leur survie en dépend. L'enfant prend alors sur lui la faute, une faute qui souvent relance pour lui une culpabilité plus œdipienne, et le conflit s'intériorise. Le piège se referme. Alors il n'y a plus aucune autre issue que celle de supporter ce qu'il vit, voire même d'essayer d'y prendre une place. Personne ne penserait, de l'extérieur, qu'il s'agit d'un mauvais traitement. Non, simplement, la maltraitance est ordinaire.

Pour que l'enfant puisse penser sa souffrance, ou l'énoncer comme telle, il faut quelqu'un qui écoute, quelqu'un qui autorise un espace de parole et fasse rupture avec le consensus, fût-ce un membre de la famille qui tend l'oreille pour le libérer d'une culpabilité établie à bas bruit. Mais les systèmes familiaux comme lieux d'emprise et de surdité fonctionnent souvent de façon trouble et perverse. Ils lient puis ligotent leurs membres entre eux.

Ainsi, là même où il manqua l'écoute d'un thérapeute, et longtemps après l'enfance, cinquante ou soixante ans plus tard quelquefois, l'enseignement du yoga crée un écart, il crée un espace, où le sujet, quand il est écouté (condition majeure) peut laisser remonter ce qui le constitue comme tel et se déprendre de son histoire, toujours là collée au corps — un écart qui lui permet de se réapproprier un espace propre pour tenter d'habiter un mouvement et ne plus se faire l'« objet de l'Autre ».

Cet Autre, dont parle la psychanalyse de façon générique, avec un grand A, c'est celui qui a inscrit sa marque dans le sujet, dont le *rapport* a institué en lui certains modes d'échange. Ces habitudes demeurent souvent inconscientes, c'est ce que Patañjali a appelé *samskâra*, ou *vâsana*, et elles sont relatives à l'expérience initiale des premières relations. Cette mémoire fait alors résonner dans le corps un certain clavier émotionnel. Gravé sur la peau, ce clavier joue pour le sujet des mélodies secrètes qui sont réveillées par les gammes posturales d'*âsana* : dans le travail du yoga, le corps devient un lieu de résonances.

Ainsi, à partir du corps et du souffle, se reconstruit un être, tout d'histoire vêtu, lorsque matière et vent se mêlent et se démêlent pour modeler puis ouvrir en lui l'orée d'une nouvelle façon de penser, de vivre et d'aimer.

La pratique du yoga a donc à faire avec un *corps historique*. C'est cela la conviction de l'analyste. Le lieu de la mère imaginaire est greffé sur le corps propre du sujet. Et ce corps est épris de l'air qui a manqué. Alors l'expérience d'un yoga tutélaire, substitutif de l'appui qui a fait défaut, de l'air qui n'a pas été donné, ou du tiers qui a failli, cette expérience, à travers le corps, porte le sujet au cœur de sa propre histoire, là où la mémoire du manque ou de l'oppression s'est inscrite dans les fibres les plus intimes. Respirer devient alors une voie de libération. Et ce que le souffle décante, la pensée l'éclaircit et le médite.

Parler ainsi, c'est donner toute sa portée à l'*ashtânga-yoga*, les huit étapes de cette discipline, que Patañjali décline à l'aphorisme II.29 de son traité des *Yoga-Sûtra*. Car le yoga — et c'est là le point important de cette réflexion — est avant tout un processus. Son expérience est une ligne de continuité entre le corps et le psychisme, entre le travail qu'il nécessite et les effets de clarté qu'il induit, entre une éthique de l'altérité et la spiritualité qu'il génère.

Dans un deuxième temps, il ne se contente donc plus d'être tutélaire, il permet au sujet d'entrer dans un processus d'élucidation. Et pour ce faire, tout ce qui procède du travail postural d'*âsana* est un étayage (s'enraciner, se mettre en mouvement, se purifier, se dénouer, se fortifier) qui conduit à la possibilité de s'entendre et de se réfléchir (*dhyâna-samâdhi*). La deuxième fonction du yoga est donc celle d'un yoga qui dispose à penser clairement (*dhyâna*). Il nous faut maintenant nous tourner vers les huit éléments qui le composent.

Pour un yoga du discernement

Dans le tableau qui va suivre sont énumérés les huit (*ashta*) membres (*anga*) de la discipline du yoga. Et si j'ai réuni dans un même cadre central sa discipline éthique (*niyama*) et la pratique du corps et du souffle (*âsana-prânâyâma*), c'est pour faire saillir cette dernière comme une extension à part entière de la spiritualité du yoga (*yama-niyama*), c'est-à-dire le lieu principal où se réalise et se met en pratique l'esprit du yoga. C'est faire de cette pratique le cœur de l'*ashtânga-yoga*, là où l'alchimie du travail de purification (*shaucha*), dans un souci de contentement (*samtosha*), permet de supporter l'intensité de l'ascèse (*tapas*) sans laquelle il ne peut y avoir ni étude de soi (*svâdhyâya*) ni aptitude à s'abandonner (*Îshvara-pranidhâna*). Cet enseignement ne repose sur aucune croyance ni aucun dogme, mais résulte d'une expérience d'écoute qui, offerte aux quatre vents de nos souffrances, fait apparaître leurs causes (*klesha*) à celui dont le désir est de les méditer (*dhyâna*) pour s'en purifier.

L'ASHTÂNGA-YOGA

I YAMA

Attitudes souhaitées à l'égard des autres :

- *Ahimsâ*, être attentif à autrui, le respecter en tant qu'autre
- *Satya*, lui dire la vérité
- *Asteya*, être honnête
- *Brahmacharya*, faire preuve de sagesse
- *Aparigraha*, ne pas être avide ou possessif, cultiver le désintéressement

II NIYAMA

Discipline à l'égard de soi-même :

- *Shaucha*, se purifier, éliminer le négatif
- *Samtosha*, chercher à être content, satisfait, serein
- *Tapas*, pratiquer avec intensité
- *Svâdhyâya*, étudier les textes et s'étudier soi-même
- *Îshvara-pranidhâna*, s'abandonner à plus grand que soi

III ÂSANA

- le travail postural

IV PRÂNÂYÂMA

- le travail du souffle

EFFETS

V PRATYÂHÂRA le recul **VI DHÂRANÂ** la concentration **VII DHYÂNA** la méditation **VIII SAMÂDHI** la compréhension	contre	l'aveuglement, *avidyâ* le moi, son ego, *asmitâ* son avidité, *râga* ses refus, *dvesha* sa peur, *abhinivesha*

Au regard de ce tableau, les cinq éléments de la discipline éthique du yoga (les *niyama*) sont donc, au dire de Patañjali, la condition d'une mutation (*parinâma*) et d'une élucidation (*vidyâ*). Et chacun d'eux (le désir d'éliminer le négatif, de s'apaiser, l'esprit d'ascèse intense, l'étude de soi, et la capacité de s'abandonner), et pas un de moins, permet par le biais de la pratique d'accéder tout naturellement à l'attitude morale des *yama*, ce qui explique l'ouverture du cadre vers le haut, attitude qui se caractérise par le respect (*ahimsâ*), la vérité (*satya*), l'honnêteté (*asteya*), la sagesse (*brahmacharya*), et la non-possessivité (*aparigraha*).

Les *niyama*, énoncés par les *Yoga-Sûtra*, sont donc les moyens de parvenir à cette dimension relationnelle, si la pratique d'*âsana-prânâyâma*, qui est le lieu où ils s'expérimentent, s'avère une ascèse psychophysique suffisamment ardente (*tapas*) pour éroder le moi (*asmitâ*), ensemencer les révolutions intimes, les remises en causes nécessaires et les nouvelles habitudes de penser, d'être et d'agir. Alors la méditation (*dhâranâ-dhyâna-samâdhi*) s'avère-t-elle la condition de ce retournement. C'est pourquoi les quatre dernières étapes qui figurent dans le tableau sont conçues comme des effets de la pratique.

Dépendant ainsi de tous les éléments de l'*ashtânga-yoga*, ce cadre (*niyama-âsana-prânâyâma*) ouvert à chaque extrémité vers le lieu de l'idéal des *yama*, puis vers les effets de son action (recul, concentration, méditation et état de compréhension) invite à penser la pratique posturale du yoga non plus comme une expérience autistique, mais comme une mise au travail, éclairée d'une éthique qui en est le fruit. Cette pratique s'enracine alors dans le contexte concret de la vie de tous les jours, et à force d'amener celui qui s'y engage vers les dépouillements les plus propices au travail de vérité, elle se retrouve immédiatement reliée à l'élaboration d'un autre rapport à autrui.

Cependant, force est de constater dans l'enseignement que la notion morale des *yama* est bien souvent évincée. Ferait-elle ombrage, en tant que « règle », au principe de plaisir que recherchent la majeure partie des pratiquants dans l'expérience posturale du *hatha-yoga*? En compromettrait-elle les délices annoncés?

Comme chacun sait, ce que souhaite, au fond, l'être humain, c'est dormir tranquille le plus longtemps possible, n'être pas dérangé. Moins on sollicite sa pensée, et plus on incline sa pente au sommeil et, de fait, plus on multiplie les adeptes. Ainsi, le yoga est-il, dans nos sociétés du loisir, la plupart du temps isolé de son contexte philosophique, limité à son aspect gymnique au bon gré du principe de plaisir, voué à conduire au septième ciel.

Seulement c'est oublier qu'il est, dans son principe même, une pratique d'éveil et de lucidité, *vidyâ*, qui est le contraire d'*avidyâ*, l'aveuglement, et que, pour lutter contre cette zone obscure, il y faut le travail du discernement (*viveka*). De ce fait, une fois que le travail du souffle a purifié le corps et l'esprit (*âsana-prânâyâma*), les trois derniers éléments de l'*ashtânga-yoga*, bien qu'ils soient souvent négligés dans leur fonction active et déterminante, indiquent étymologiquement le travail engagé par la réflexion. *Dhâranâ* (la concentration) *dhyâna* (la méditation) et *samâdhi* (l'état d'unité, appelé « état de yoga » propice à la compréhension et à la clarté d'un objet de méditation), sont tous les trois composés de la racine *dhâ*, *dhy*, *dhi*, qui désigne et implique dans ces deux expériences l'action même de la pensée jusqu'au *samâdhi* où elle se trouve unifiée.

Dans cette dernière étape, alors qu'est souvent répandue l'idée que l'activité mentale est exempte du processus, il est dit à l'aphorisme I.17 que ce *samâdhi samprajñâta* (avec objet de méditation) est constitué de *vitarka* (le raisonnement logique, l'investigation analytique) et de *vichâra* (la réflexion approfondie, la saisie subtile et intuitive). Dans ces deux termes, force est de reconnaître la racine *vi*, qui est aussi celle de *viveka*, le discernement, et de *vidyâ*, la connaissance. Elle est la marque d'un intellect clarifié, capable d'élaguer pour accéder à un « voir », *vi* signifiant toujours l'acte de coupure (*viyoga*) qui distingue une chose d'une autre.

Le yoga, si l'on en suit donc l'étymologie pour en comprendre le processus, ne s'égare pas dans les méandres du néant. Il saisit son objet de méditation (*dhyâna*), et grâce à un mental purifié, apte au silence et à la concentration, en isole la substantifique moelle. Là, traversé par toutes les données qui viennent à lui, le *yogin*, ouvert et réceptif, écoute se décanter les éléments qui lui parviennent. Alors, quand la surprise survient, et fait événement pour l'unir à ce qu'il réalise (*yoga*), un silence se produit, qui l'absorbe. Quelque chose bouge sur l'échiquier de la pensée, une compréhension nouvelle, un soulagement, une paix. Et ce qu'il vient de réaliser demeure désormais inscrit en lui dans une mémoire de corps et de silence.

Ainsi commencent les *samâdhi* du silence (*asamprajñâta* sans objet) dont la maturation muette façonne de l'intérieur celui qui s'y prête. Sa réflexion, acérée sur la crête d'une équité, le conduit à l'indicible sensation d'espace qui habite alors son savoir. Ce sont ces dernières variations sur cette partition qui font la renommée mystique du yoga, celles du *samâdhi asamprajñâta*, ou *nirbîjah samâdhi* (aphorisme I.51), lorsque la conscience quitte l'objet de méditation et confère à certains le « sentiment océanique » dont parle Freud à la suite de Romain Rolland.

Mais pourquoi le yoga aurait-il traversé les siècles pour n'être transmis que dans ses conséquences les plus éthérées, sans tenir compte de la graduation du phénomène, dont l'aphorisme I.17 décrit si précisément la progression ? Ce phénomène, rappelons-le, qui va du raisonnement logique (*vitarka*) à une saisie plus intuitive du phénomène (*vichâra*) jusqu'à une joie (*ânanda*), celle d'avoir compris quelque chose que nous n'avions pas encore compris, au point de « faire corps avec », voire de devenir ce que nous avons compris, d'en « prendre la forme » comme l'indique le dernier terme de sa définition, *asmitâ-rûpa*. Ce processus de connaissance (*samprajña*) mène donc à une écoute clarifiée par le travail du corps et du souffle qui l'a préparée. Et cette écoute est devenue si sélective qu'elle a pu élire de façon quasi naturelle son objet de réflexion qui, selon Patañjali, doit être « cher et désiré, jugé utile, approprié » (*abhimata*, aphorisme I.39). La plupart du temps, cet objet de réflexion s'impose au sujet comme l'accès logique de sa préoccupation actuelle. Et se rendant disponible à l'inattendu, il laisse venir les images inédites qui se forment à sa conscience et les observe progressivement prendre sens, sans essayer de s'en défendre comme il est si coutumier de le faire. L'important consiste à rester, comme un témoin, attentif et intéressé par ce qui se produit (*dhâranâ-dhyâna*). Ce nouvel état de conscience, contemplatif et distancié, est produit par un rythme de corps inhabituel, lié au travail d'*âsana-prânâyâma*. Il est un événement propre à la technique du yoga. À partir de cette condition, *dhâranâ-dhyâna-samâdhi* produisent leurs effets.

Ainsi se déroule, tel que Patañjali l'indique dans ses *Yoga-Sûtra*, la *réflexion* spécifique à la méditation du yoga quand les pensées deviennent progressivement des *miroirs*. Quitte à ne voir que le reflet de sa colère ou de sa lâcheté, le sujet peut s'y reconnaître et les méditer sans résister aux vérités qui se disent. Cet avènement s'insère donc dans une dimension de travail, au terme d'une évolution que l'expérience fait échoir, quand le sujet, modifié par cette rencontre inédite avec son objet d'étude, débouche sur une ouverture maximale (*samâpatti*).

Nombreux sont les pratiquants qui, faute de l'avoir appris, ou animés d'un refus de voir (*avidyâ*), négligent la rigueur de ce processus et la nécessité d'un objet à méditer, préférant ainsi écourter l'expérience et s'en tenir aux seuls bénéfices physiques. Ils restent alors suspendus dans un océan de calme, mais au lieu d'entrer dans un *samâdhi* qui signe la réalisation d'une compréhension, ils débouchent sur l'infini d'un rien à penser. Ils évitent alors un rapport frontal à ce qui les anime. Pourquoi l'ascèse du yoga, telle qu'elle est aujourd'hui enseignée, ne serait-elle pas entendue telle que Patañjali en décrit la graduation dans ses *Yoga-Sûtra*? Quel intérêt avons-nous à laisser se transmettre l'idée que le yoga est la voie de la non-pensée?

Sa définition, *Yoga chitta vritti nirodhah*, telle qu'elle est la plupart du temps interprétée, au détriment de tout respect littéral de cet énoncé, continue à faire de lui la discipline évasive des décérébrés. Oui, « le yoga empêche (*nirodhah*) l'agitation (*vritti*) du mental (*chitta*) », telle est sa définition la plus textuelle, mais il n'est pas dit que le mental lui-même devrait être inhibé! Il est dit que son agitation, ses perturbations, son trouble, voire son mouvement (*vritti*) doivent être mis sous le joug (*yoga*) mais non pas le mental lui-même (*chitta*)! Qui n'a pas eu l'expérience en pratiquant le yoga qu'il débouchait sur un esprit clair? L'esprit n'est pas anéanti, il est clarifié! Alors, si l'esprit est clair, « comme le cristal d'un diamant », dit Patañjali (aphorisme I.41), que faire de cette clarté si ce n'est pour voir, sa-voir ou conce-voir (*vidyâ*)?

Yoga chitta vritti nirodhah est la condition de cette perspective, non pas pour abolir ou engourdir les facultés les plus hautes de l'être humain, mais pour les réaliser. Ainsi quand le lac est calme et transparent, dit la légende, l'on peut apercevoir en son fond le trésor qui s'y cache. Pour celui qui médite, l'esprit, *chitta*, est la voie qui y mène, quand le goût de la vérité (*satya*), le sens de l'honnêteté (*asteya*) et le discernement (*viveka*) ont isolé puis purifié la raison de sa haine ou de sa bêtise. Nul aveuglement à la cime de ce désir, juste une clarté nette et distincte. Ce travail est un travail de décantation, et la libération (*kaivalya*), qui est le but ultime du yoga, s'origine dans cette séparation qui distingue le vrai du faux, le bien du mal, le beau du laid, la violence de la non-violence.

Si l'on fait un retour au texte, pragmatique, toujours actuel et incessamment moderne, cette aptitude à ce qui est juste est une initiation lente et persévérante, ordonnée à une philosophie tournée vers la bienveillance. De ce fait les cinq éléments qui constituent la règle d'or du yoga visent une autre position dans le monde (*âsana*) que celle du narcissisme satisfait, indifférent ou méprisant autrui. Ces cinq préceptes font de lui un travail de vérité (*satya*) engagé contre la malveillance (*ahimsâ*), chapitre sans cesse à rouvrir à la lumière de notre propre histoire, au gré d'une actualité relationnelle, ou politique et sociale, toujours à interroger.

Le travail du corps et du souffle (*âsana* et *prânâyâma*) mène donc à la possibilité d'un certain recul appelé aussi « retrait des sens » (*pratyâhâra*) puis conduit à la concentration et à la méditation (*dhâranâ-dhyâna-samâdhi*), engendrant chez le pratiquant un tel état d'attention que celui-ci ne peut plus se dérober à ce qui se passe en lui. C'est sa détente qui lui permet ainsi d'infuser, de purifier, puis de laisser émerger une pensée clarifiée. Voilà ce à quoi l'analyste croit quand il fait confiance à cette discipline : il croit à la faculté qu'a le yoga d'écumer la confusion, il croit en sa possibilité de positionner le sujet devant ce qui le concerne profondément. La façon qu'a cette pratique de créer une distance, permet un lieu psychique où la personne peut se démarquer de ce qui l'affecte pour le voir et le penser. Une conscience est au travail. Ce n'est pas à un yoga de sommeil ou d'anesthésie auquel l'analyste voue sa foi. Il croit à un yoga qui éveille, qui dessille les yeux, qui ouvre la voie du *purusha*, la conscience. Car il sait que, dans cette pratique, le corps est le médiateur de la conscience.

Nous sommes alors loin des idées qui contribuent à faire du yoga un neuroleptique. La pratique posturale amène un tel mouvement de flexibilité des processus mentaux, que leur souplesse s'affranchit des rigidités habituelles. Le travail corporel qui fait fléchir les résistances, permet à l'inattendu de survenir. Dans le silence qu'il induit, ce qui n'était pas pensable le devient. Les défenses labiles, souples, laissent passer des informations qui transforment l'expérience. Ainsi se déploie le processus d'incubation et de discrimination attentive propre à cette discipline. Mais ce travail implique une direction. Là est le point essentiel, et cette direction implique un désir, une intention (*satkâra*, aphorisme I.14), une motivation, et cette motivation dépend de l'objectif que chacun donne au jour le jour à sa pratique.

Il convient donc, à l'orée du travail postural, de cerner les raisons qui invitent à se mettre en mouvement, pour élire un objet de méditation dans le champ de ses préoccupations actuelles, puis d'entrer dans son élucidation. Mais peu de pratiquants se réfèrent à cette indication, et donnent un tel but à leur pratique. Au terme du travail du corps et du souffle, ils s'arrêtent donc au bord d'un silence, séduits par le vide, sans attendre qu'il se mette à parler. Beaucoup donnent ainsi à l'état de yoga la valeur d'une vacuité décérébrée. Sautant une étape (celle de la concentration sur un objet de réflexion), ils se retrouvent en somme dans ce qu'on appelle le *samâdhi asamprajñâta*, c'est-à-dire « sans support ». Mais sachons reconnaître que ce n'est pas la progression indiquée par Patañjali (aphorismes I.17, 18). Et j'oserais ajouter que même si le silence est choisi pour objet à méditer, il n'invite pas à la paresse d'esprit, il force à l'écoute, à la maturation d'une expérience soutenue par la perception — perception qui est toujours reliée à celui qui l'éprouve, la pense, et la nomme pour l'intégrer. Le but de l'*ashtânga-yoga*, rappelons-le, est *dhyâna-samâdhi*, c'est-à-dire l'intégration d'une compréhension nouvelle qui modifie le rapport à l'existence. Voilà ce qui intéresse l'analyste : comment le *yogin* peut se laisser modifier par ce qu'il comprend.

Cet objet de méditation est donc à la fois une amarre et une perspective. Il s'appuie sur du symbolique. Il enracine la personne à son désir, et canalise son attention pour élucider sa question. Et comme elle se trouve dans un état de grande disponibilité (*samâpatti*), et de grande concentration (*dhâranâ*), elle est en mesure d'accueillir ce qui advient. Une immersion se produit. C'est ce que dit l'aphorisme I.17 dont nous avons parlé plus haut : *Vitarka-vichâra-ânanda-asmitâ-rûpa anugamât samprajñâta*. Dans les deux derniers mots de cet aphorisme, *anugamât* indique qu'il faut en passer par toutes ces phases pour arriver à cette *prajñâ*, qui signifie la connaissance et la sagesse. Et enfin, *sam* (dans *samprajñâ*) précise que toutes les phases antérieures se résorbent et s'unifient dans cette compréhension, tandis que *pra*, de *prajñâ*, indique que cette connaissance est supérieure.

Samâdhi, l'état de yoga, est donc de l'ordre d'une *prajñâ*, c'est-à-dire le fruit d'un travail de la *réflexion* qui mène à une conscience élevée (*pra*) source de sagesse. Si dans l'étymologie des trois dernières étapes du *yoga* — *dhâranâ*, *dhyâna* et *samâdhi* (la concentration, la méditation, et la compréhension) — on retrouve cette présence de l'entendement par la racine *dhâ* et *dhi*, signifiant l'acte de se poser profondément et complètement dans l'objet de sa pensée, comment a-t-on pu à ce point assimiler la pratique du yoga à une « extinction du mental » ? Nous avons de nos jours tant besoin de discernement devant le nihilisme ou le dogme de la pensée unique qui menacent les libertés !

« Comment l'être humain pourrait-il espérer recouvrer son unité, si d'emblée, il choisit de se couper d'une part de lui-même qui est le fruit d'une longue évolution, et qui est la conscience, capable de réfléchir sur elle-même ? » se demande Ysé Tardan-Masquelier[11]. En effet, il y a là une erreur dangereuse qui a contribué à faire du yoga une voie suspecte, propre aux sectes, et à reléguer dans la nébuleuse le vrai travail d'élucidation et de discrimination qu'il implique. Car si silence il y a, il est à la fois matrice d'un savoir et lieu de résolution, non de paresse. Il est la voie d'une connaissance qui passe par une évolution particulière de la pensée, une pensée purifiée par le travail du corps.

Alors de quoi serait faite cette vacuité dont on dit qu'elle est en Orient le signe de l'accomplissement méditatif et spirituel ? Pour répondre à cette question — et voilà qui intéresse l'analyste — il faut en repasser par l'objectif principal du yoga, qui consiste à faire cesser les causes de la souffrance — car ce sont les causes de cette souffrance qui, selon la tradition indienne, opacifient notre rapport à la vacuité, la voilent ou l'obstruent, et de ce fait nous empêchent d'en concevoir la sagesse. Alors revenons à ces causes de souffrance qui s'y opposent.

S'affranchir des causes de la souffrance

Vingt-cinq siècles avant Freud, Patañjali avait compris que la méconnaissance, la méprise ou la confusion, était l'une des sources principales d'affliction, et pour les psychanalystes il est très intéressant d'observer que son génie a été d'articuler cette ignorance à l'ego, *asmitâ*, c'est-à-dire, pour la psychanalyse, à la part narcissique du moi, puis à l'avidité, *râga*, le « toujours plus » de la pulsion insatisfaite, puis à *dvesha*, le refus, partenaire du refoulement, et à *abhinivesha*, l'angoisse de mort, dont Freud disait qu'elle était l'« analogon de l'angoisse de castration » liée à toute expérience de perte, ou de séparation. Mais Patañjali, en son temps, ne connaissait pas Freud. C'est seulement aujourd'hui que nous pouvons éclairer les *Yoga-Sûtra* des découvertes psychanalytiques, du moins en entendre les résonances.

L'ego, l'avidité, le refus et la peur, enfants de la méconnaissance, et figures de notre symptôme, ont sans doute en effet quelque chose à

---

11. Y. Tardan-Masquelier, « Une éthique de l'ouvert », *Les Carnets du yoga*, n° 225, octobre-novembre 2003.

voir avec les « rejetons de la motion pulsionnelle », qui cherchent la satisfaction qui n'a pas eu lieu. Parmi ces quatre enfants, causes de souffrance, l'ego et l'avidité revendiquent « plus » de satisfaction (plus de reconnaissance, plus de biens, etc.) tandis que les deux derniers, le refus et la peur se défendent contre du « moins ». Entre désir du plus et crainte du moins, le sujet ne veut pas se laisser déposséder. Il dit non au manque. Il préfère le plein plutôt que le vide. Il cherche complétude et puissance. Du « moins », le sujet ne veut pas!

La cure analytique nous apprend en effet qu'il est un « plus » que le sujet ne veut pas lâcher, auquel il s'accroche, duquel il dépend, pour lequel il se bat. Son identité en découle. Il est prêt à se défendre bec et ongles pour ne pas s'amputer de ce à quoi il tient, car ce *à quoi* il tient, c'est ce *par quoi* il est tenu, c'est-à-dire ce que l'on appelle le « phallus » dans la théorie psychanalytique, le signe de la puissance et du pouvoir auquel le moi s'est identifié, et dont il désire la prestance, sinon, pense-t-il, c'est l'effondrement.

En revisitant l'histoire refoulée du sujet, le travail psychanalytique apprend à déceler la présence de cet enfant phallique qui s'est ainsi narcissisé en s'identifiant à certaines imagos de la puissance, et de cette identification une image s'est constituée qu'il ne consent pas forcément à changer. Le moi est donc l'agent de ce fonctionnement qui prétend et revendique un avoir, plus qu'il ne souhaite s'ouvrir à sa propre mémoire de la défaillance et de la perte que détient en lui le sujet de l'inconscient. « Du "plus" plutôt que du "moins"! » s'écrie le moi au cœur de son symptôme. Ainsi l'avidité est-elle la demande inassouvissable d'un moi vorace en quête d'une intarissable gratification.

Le « maintien phallique », pourrait-on dire, qui érige le sujet dans le monde et qui fait sa rigidité (nous en reconnaissons les tensions corporelles dans la pratique du yoga), vise donc à parer à toutes les catastrophes du manque, tandis qu'il porte ombrage au féminin de l'être, à sa réceptivité, sa souplesse[12]. Pour mettre en place un tel arsenal de défense contre le « moins », il s'avère que cette soustraction est une menace insupportable pour le sujet.

Entre Patañjali et Freud, une lecture à double foyer éclaire ici ce qu'il peut en être du processus de libération de la souffrance qui a pour conséquence l'acceptation d'un vide initial, un vide de structure, que les spiritualités appellent « vacuité », et qui, pour la psychanalyse, passe

12. Voir les cas exposés dans C. Berthelet Lorelle, *La sagesse du désir*, *op. cit.*

par l'épreuve de la castration, considérée comme une « menace » pour le sujet, un vide dont il s'agit de faire usage selon le réalisme lacanien.

La vacuité dont l'Orient fait son ascèse est donc liée à une ouverture, elle-même liée à un retranchement : le *moins* d'un ego décomplété de sa suffisance et de sa prétention d'« être le phallus », et qui, à force d'être médité et reconnu comme « source de souffrance », cède et lâche de son emprise. Et en lâchant de son emprise, l'avidité, le refus et la peur qui lui sont liés cessent également de s'agripper. Ils lâchent de leur pouvoir. Un vide apparaît alors. Le silence que génère cette vacuité au terme du processus de l'*ashtânga yoga* ne résulte donc pas d'une simple suspension dans le vide, mais d'une maturation lente et profonde, quand quelque chose se retire qui faisait obstacle au voir. Et ce quelque chose qui se retire, et que Patañjali appelle le refus, c'est ce « je n'en veux rien savoir » dont parle Lacan, qui, jusque-là obturait le champ de la compréhension. Le refus du moi ou de son orgueil est à l'origine de la non-pensée et de la confusion, source de l'aveuglement. Voilà l'hypothèse qui s'avance ici.

Que craint-on de découvrir pour ne pas courir vers le savoir ? C'est cette question qui a intrigué Freud chez les hystériques qui souffraient dans leur corps. Quel savoir détenait le symptôme qui les paralysait ? De l'attention qu'il leur porta naquit la psychanalyse. Une clinique du refoulement venait de voir le jour. L'inconscient prenait corps. Freud s'en alla porter la bonne nouvelle. Ainsi le yoga, quand il s'éclaire de la psychanalyse et ne nous épargne pas la vraie méditation sur les sources de nos souffrances, nous apprend à philosopher la question du vide, en supportant l'angoisse qu'il génère, en méditant jour après jour l'orgueil d'un moi qui refuse sans cesse d'être destitué de sa suffisance ou séparé de ce qui fonde son image.

Entre clinique et spiritualité, une altérité nouvelle

Il ne peut se dessiner une issue sur ce chemin d'humilité, entre clinique et spiritualité, que si, comme le dit une parole zen, « méditer, c'est étudier l'ego, et étudier l'ego c'est l'abandonner ». Un yoga qui conduit à méditer ne peut faire fi de tous les désirs d'emprise et de rayonnement que suscite la rencontre avec l'autre. L'ego a une histoire, une histoire d'enfance qui sous-tend les désirs inavoués de reconnaissance, et la souffrance qui préside à cette quête.

La voie du petit de l'homme est longue et lente, et ses premières expériences vite recouvertes par l'oubli. Pourtant, à l'origine de son existence, la perte constitue sa première épreuve. Comment ne souhaiterait-il pas récupérer ce qui, pour vivre, lui fait à tout jamais défaut?

Il se trouve que trente années de yoga, et quelquefois plus, ne parviennent pas toujours à faire vaciller fatuité, prétention et refus de l'inconscient. Pourtant, beaucoup de ses pratiquants viennent à lui dans des souffrances intimes. Le narcissisme, souvent blessé par les épreuves de l'enfance ou de la vie adulte, trouve dans le yoga un mode de réassurance. Restaurant l'image de soi, il supplée aux non-reconnaissances diverses: sentiments d'exclusion, scolarités défectueuses, ambitions déçues, déceptions amoureuses ou autres deuils qui impriment en soi les marques de l'échec. Cependant, en redonnant force et soutien, il fait quelquefois oublier à quoi il supplée. Et de ce fait, pratiqué dans l'oubli d'un lâcher-prise, il efface bientôt toute trace d'humilité.

Il existe deux façons de pratiquer le yoga, celle qui conduit à un désir de maîtrise (et donc au déni qui occulte la faille originelle et singulière de chacun) et celle qui, chemin faisant, dévoile une blessure en ouvrant en soi l'aire d'une réflexion. Vouer sa pratique au refoulement, ou bien au contraire l'ouvrir à un «voir», tel est le choix qui se présente à celui qui reçoit cet enseignement.

À la façon dont le sujet considère l'expérience du souffle il peut, ou non, ouvrir cet espace et apprivoiser cette perte. Le mouvement même de la respiration permet de comprendre la symbolique et les effets psychologiques qui en découlent. À l'inspiration, le *yogin* reçoit l'énergie qui lui est donnée ouvrant en lui tous les espaces thoraciques; et poumons pleins, il éprouve une sensation de force, il est dans un «plus» de vitalité. Mais à l'expiration, il est amené à laisser repartir le souffle qui le traverse comme un baume. Il s'en dessaisit. Et poumons vides, il s'incline vers un «moins» avec lequel il demeure, et, de ce corps du vide, il essaie d'habiter l'espace. Elle est là l'expérience du lâcher-prise, au bout de l'expiration, dans cette sensation de vacuité qui l'allège infiniment, et avec elle le sujet s'éloigne et se sépare des attaches de sa souffrance. À la lisière du vide, un détachement s'opère, autant physique que psychologique, un abandon, une délivrance. Puis l'inspiration revient, de plus loin qu'elle-même, et ainsi se poursuit la danse du vent qui revient. Du plein qui lui redonne confiance, il apprivoise la perte passagère, et tandis que le glissement de l'expir réinvente pour lui des ruissellements, il apprend à suivre son mouvement, et le voici délesté du pire. Léger, désintéressé, ivre du rien, il s'habitue à sentir cette aération qui le rend à lui-même. Toute prétention évanouie, il entend chanter en lui une liberté nouvelle, une positivité nouvelle.

Dans ces moments-là, qu'est-ce que le *yogin* expérimente, si ce n'est ce que Patañjali a inscrit au sommet de son *ashtânga-yoga*, cette disposition nouvelle à l'égard d'autrui, qui consiste à laisser choir en soi la violence, qui dispose à cette dépossession de tout amour-propre et qui permet de s'ouvrir à de la vérité qui éclot?

À partir de là, hors de toute convoitise, s'installe un état de désintéressement tel (*aparigraha*) que l'honnêteté clame sa présence (*asteya*). Plus rien n'asservit celui qui s'émancipe ainsi. Plus rien ne le corrompt et, pour lui, à la façon kantienne, rien ne compte plus que la loi morale inscrite en lui. La dernière perspective du yoga signe alors l'état de sagesse et le dépouillement qu'elle implique. Voilà comment se fait entendre la portée sublimatoire d'un idéal qui s'incarne, intrinsèquement lié à l'expérience du souffle, travaillé dans la chair, chevillé au corps. Et c'est là l'originalité de cette pratique, plus de deux fois millénaire, que de mettre au travail dans la chair sombre des passions à la fois une conversion de la douleur et une altérité nouvelle (*yama*).

De la médiation du corps à la transmission d'une éthique, cette pratique se bat contre la violence de l'inhumain, son égoïsme et sa bêtise. Sénèque disait: « La mort est la règle. C'est la vie qui est l'exception. » Et la mort, nous le savons, elle s'impose à chaque fois que l'égocentrisme, ou l'ethnocentrisme, le mensonge, les rapports de force, les rivalités, l'indifférence, toutes ces agressions meurtrières tentent, pour l'annuler, de *passer l'autre sous silence*, l'acculant, s'il en réchappe, à se soustraire à la relation, ou à se protéger avec les mêmes armes. Et c'est un cercle sans fin. Il en va de la barbarie des génocides comme des cruautés relationnelles les plus familières, la nocivité de certaines mères. La vie, au contraire, si rare, se joint à la lumière. Elle fait de l'autre son phare.

Si le yoga, par la médiation du corps, sa fonction tutélaire, ses moyens de penser clairement et de s'affranchir des causes de souffrance, est un travail psychologique, éthique et spirituel, il est avant tout une pratique qui met en mouvement un désir: le désir d'émancipation de celui qui lui demande une libération. C'est cela *svâdhyâya* pour la tradition du yoga! C'est ce désir qui soutient le *yogin* vers la clarté. Et c'est un effort qui le fait brûler du désir de s'améliorer (*tapas*). Dans le meilleur des cas sa responsabilité s'agrandit, et pour ne plus nuire à autrui (*ahimsâ*) sa conscience morale s'approfondit. Mais faut-il encore pour cela qu'il y ait un sujet — non pas insécable ou juché sur son irréprochabilité, mais capable de se remettre en cause, non pas psychotique et enfermé en lui-même, mais capable d'éprouver de la culpabilité, capable de s'identifier à autrui, c'est-à-dire capable de le faire ex-ister en dehors de lui-même.

En changeant son état d'esprit, et en lui permettant de lâcher prise, cette discipline l'amène quelquefois à reconnaître ce qu'il se refusait à voir. Mais comme il est plus facile de fermer les yeux que de se mettre en cause, il y faut un désir en plus : pour que cesse la souffrance, celle que l'on s'inflige à soi-même, ou que l'on impose à autrui, il y faut un désir ardent de vérité et d'honnêteté, et ce travail n'est jamais fini — un consentement à ce qui dépossède, à « ce qui arrache » même, mais qui, par là même, allège. Libérant alors le sujet de *râga*, la passion tyrannique d'un moi suffisant, le yoga enseigne *vairâgya*, le détachement, et avec lui l'avènement d'une perte consentie.

Éloge du peu, jouissance d'un rien, cette évolution est lente et longue, mais elle détient, dans l'aveu d'un silence et d'un dépouillement, les valeurs morales dont Patañjali a fait ses *yama*, l'éthique du yoga. Art du sourire, de la politesse, elle est l'élégance, la courtoisie, la discrétion des sages. Dans ce creux laissé ouvert, elle fait exister autrui, lui fait de la place, l'écoute et le respecte. Et au nom de cette nouvelle altérité, le sujet se déprend de son égoïsme, se bat contre l'injustice, abandonne sa lâcheté, se met aux côtés du vrai. Elle est le lieu d'une gratuité pour une éthique en acte. Un savoir-y-faire avec l'absence.

C'est donc une voie qui engage, ici et maintenant, à la générosité, aux solidarités sociales. Elle est un pari, un effort décidé, une attention, un combat à mener. Et, si aujourd'hui encore, trop avide, l'humanité doit se mettre au travail de son impolitesse et de sa violence, peut-être qu'à consentir à une *éthique du moins* fera-t-elle un jour place à une autre façon de concevoir les échanges, voie du respect, de l'amour et de l'autrement. D'ores et déjà les enjeux sont éthiques et politiques. Et cela commence par chacun de nous. Notre responsabilité est engagée. Tel est le pari de Patañjali.

CHAPITRE 2
Un espace à ouvrir

> On a tendance à l'oublier, dans la vie il y a la vie […]. L'homme est la capacité extraordinaire de la vie en étant capable de faire vivre la vie autrement.
>
> BERTRAND VERGELY

Être animé d'un tel pari implique une exigence constante, un effort d'attention, l'urgence de se transformer soi-même dans un monde où la haine fait rage et désespoir, une remise en cause personnelle permanente. Accoster aux rives de la non-violence signifie un long travail. Pourtant c'est bien à cet engagement que convie la spiritualité du yoga.

Au nom de la bienveillance

Qu'y a-t-il derrière *ahimsâ*? Il y a la gentillesse, la serviabilité, l'amabilité, la courtoisie, et la politesse. Et « la politesse, nous dit Voltaire, est à l'esprit / Ce que la grâce est au visage / De la bonté du cœur, elle est la douce image / Et c'est la bonté que l'on chérit ». Il y a là une élégance de l'âme, une délicatesse pudique et généreuse, une modestie. Lorsque la politesse se lie à *satya*, le désir de vérité, elle est la reconnaissance et le respect de « ce qui est ». Il faudrait se souvenir de ces deux notions car nous avons perpétuellement tendance à banaliser la cruauté pour mieux nous en défendre.

Loin d'être un terme générique dont Gandhi garantirait historiquement l'utopie, la bienveillance (*ahimsâ*), qui est la figure de proue de l'*ashtânga-yoga*, est présumée être remise constamment sur le tapis de celui qui désire se déprendre de sa propre violence. Elle est un défi. Mais pour cela, encore faut-il porter sur soi ce regard critique, capable de reconnaître les petites monstruosités inconscientes qui font de l'impensé naïf ou pervers le nid des malfaisances ordinaires.

La non-violence est la première des règles du yoga, et fait de lui, d'emblée, une pratique de la générosité. « Grâce à cette disposition à la générosité, dit Rabbénou Yona, l'homme est agréé par l'Éternel et c'est pour elle que le monde a été créé, afin qu'elle se réalise [1]. » Pourtant, un animal se cache souvent derrière l'humain, félin ou rapace affamé. Alors comment rester stoïque devant les indignations que suscitent les grossièretés et les brutalités humaines ? Comment ne pas lever le ton devant la bêtise égoïste et cruelle, le goût des revanches puériles et des offenses perverses ? *Ahimsâ* est un effort pour juguler sa colère, sans renoncer à en dire quelque chose. Elle est une recherche d'exactitude pour un moindre mal ou un effet sans nuisance. Elle serait pure bonté si elle n'était pas amenée à dénoncer l'insupportable...

« Au commencement était le verbe », dit saint Jean. Il s'agit en effet de commencer ! Et « commencer » c'est avec le verbe, comme le dit l'apôtre. Et « le Verbe, c'est Dieu », renchérit Victor Hugo dans *Les contemplations*. Rappelons le rapport qui lie le silence de l'impensé à la bêtise et à la cruauté, l'aveuglement à la violence. Sortir du silence c'est faire l'effort d'une énonciation, prendre le risque d'une formulation, pour que quelque chose naisse et prenne forme, se distingue du rien, et cerne une pensée. Commencer, c'est donc donner vie à la parole, à la pensée, au verbe, pour dire non au sombre pouvoir du mal. C'est s'opposer à l'état létal de l'esprit qui se satisfait du tout et du n'importe quoi, prêt aux pires laisser-faire devant l'inhumain. Faire acte de parole, revient alors à se situer, se positionner, à rompre avec l'indifférence dans laquelle se maintient, ici et là, la sauvagerie. L'écrit est cette parole difficile qui découpe une adversité. Elle est une affaire de

1. Moïse Maimonde, Rachi, Rabbénou Yona, le Maharal de Prague, Rabbi Hayim de Volozine, *Commentaires du Traité des pères. Pirqé avot*, Paris, Verdier, 1990, cité dans C. David, *La beauté du geste*, Paris, Calmann-Lévy, 1994, p. 220.

solitude, loin des consensus et des identités convenues. Elle expose et s'affranchit. Dire non est un courage qui s'oppose à la complaisance institutionnelle. Pour cela, il convient d'amputer sa belle totalité narcissique de tous les semblants, accepter de déplaire, et s'arracher aux conventions. Prendre un risque.

Seul le désintéressement permet une telle conduite, n'avoir plus rien à perdre, ne pas chercher à récupérer quelconques faveurs personnelles, agir pour le bien d'une cause. *Ahimsâ*, le respect de la vie, se lie alors non seulement avec *satya*, la vérité, mais avec *asteya* et *aparigraha*, la non-avidité et la non-possessivité, choisir de ne pas hurler avec les loups, l'exigence plutôt que l'apathie, la posture du héros plutôt que celle du « collabo ». Une résistance s'organise.

Replacer le yoga dans son contexte moral, c'est pouvoir envisager son extension dans un climat social et politique, avoir une action, méditer ses effets, c'est-à-dire sauvegarder constamment un esprit d'analyse dans un souci d'équité. Si cet engagement est si souvent minoré, fort peu enseigné, et vite évoqué, c'est que la pratique posturale demeure la seule demande en Occident, et que le professeur se limite au champ de son seul exercice. Il prétexte souvent sa crainte de porter atteinte à la liberté de ses élèves en corrélant l'expérience à sa signification, mais sans dogmatisme aucun il est pourtant aisé de faire entrevoir qu'il y a là, à la façon d'engager le corps et le souffle dans un même respect, et dans le souci de se purifier, un état d'esprit qui correspond à celui d'une *position* éthique.

Émettre l'idée que la pratique d'*âsana-prânâyâma* est articulée à d'autres éléments qui font corps avec elle, ce serait permettre à l'élève d'en comprendre la cohérence et la profondeur. Craindre pour sa liberté c'est oublier que le yoga est une philosophie, c'est-à-dire, au plus près de sa pratique, un *amour de la sagesse* qui invite à un effort particulier, un effort qui engage au quotidien et, loin de mésestimer le conflit, fait du yoga une *réflexion*, un ajustement, et non plus simplement un bien-être postural.

Il ne s'agit donc pas de dogmatiser l'expérience mais d'inviter à une méditation qui, au lieu d'envoyer un sujet dans les sphères narcotiques de l'osmose, conçoit un rapport à l'existence. Pour cela, faut-il encore que la racine *dhy* de *dhyâna*, la méditation, qui indique, comme on l'a vu, l'action de la pensée sur un objet à méditer, soit respectée. Faut-il également qu'elle ait pour but, après avoir été concentrée (*dhâranâ*), de convoquer le raisonnement et l'investigation analytique, les deux premières phases du *samâdhi* indiquées à l'aphorisme I.17 des *Yoga-Sûtra*, ces deux phases de la réflexion qui mènent à la compréhension, et qui définissent l'état de yoga comme unité avec ce qui a été vu et réalisé.

Alors, ce faisant, si Dieu, comme le dit Rilke, est avant tout un travail, « à la façon des abeilles, nous le construisons, avec le plus doux de chaque chose, le plus petit, le moins apparent [...]. Nous le commençons dans ce travail, dans ce repos qui suit, dans ce silence, dans ce court élan de joie intérieure. Nous le commençons dans tout ce que nous faisons seul, sans l'assistance, sans l'adhésion des autres[2] [...]. » Et notre solitude, irisée de courage, porte alors notre conscience.

Cet autre que je ne saurais voir

Comprendre l'autre, c'est-à-dire le com-prendre, le « prendre avec » soi, implique de pouvoir le recevoir, de lui faire de la place, et quelquefois même de pouvoir imaginer ce qu'il vit à la sienne, c'est-à-dire quitter la nôtre, pour le comprendre. Mais bien souvent nous ne cherchons pas à *nous mettre à la place de l'autre*, nous ne cherchons pas même à lui éviter la mauvaise humeur qui est la nôtre ; car lui épargner l'expression fermée de notre mine renfrognée impliquerait que nous cherchions à lui éviter le désagrément que cela peut lui occasionner. Anticiper ce désagrément, pur effet d'amabilité, signifierait que nous en ayons tout d'abord conscience, et que cet autre soit reconnu et respecté en tant qu'autre, et que, de plus, nous soyons capables de nous identifier à lui pour ne pas lui faire supporter les effets nocifs de cette mauvaise humeur. Beaucoup de conditions à réaliser...

Or il n'est pas rare au contraire que l'autre serve d'exutoire, aveuglément mêlé à une histoire qui ne le regarde pas, considéré comme le prolongement indifférencié d'un obscur contentieux. Et dans cette confusion, cette mine rébarbative, hostile ou méfiante, lui est bel et bien adressée, mais... à la place d'un autre.

Il ne s'agit donc pas simplement de *faire à autrui de la place* en soi, mais que cet espace soit différencié, bienveillant, et de ce fait dégagé des passions sourdes auxquelles il est confondu souvent. À

2. R. M. Rilke, *Lettres à un jeune poète*, Paris, Grasset, 1996, p. 69.

l'inverse, donner de l'importance ou faire de la place à n'importe qui ne serait pas plus raisonnable que d'en accorder aucune à personne. Il y a des intrusions malveillantes, et l'on met souvent longtemps à s'en rendre compte. Une lucidité s'impose, un espace est à protéger.

Notre espace propre, et la façon dont nous abordons les autres, varie en fonction de notre état intérieur, et la plupart du temps nous n'en avons aucune conscience. Car nous désertons souvent jusqu'à la possibilité même de nous représenter et de nous réfléchir. Ainsi se produisent les rencontres stériles et les incompréhensions mutuelles.

C'est en termes d'espace que la tradition du yoga définit l'état de l'être, son bonheur comme son malheur, sa souffrance comme sa sérénité. *Kha*, en sanskrit, signifie l'espace. Selon qu'il est rempli de positif (*su*) ou de négatif (*duh*), selon qu'il est heureux, détendu, épanoui (*su*) ou bien malheureux, négatif, rétréci (*duh*), il devient *sukha*, le bien-être, ou *duhkha*, la souffrance.

La détente, *sukha*, ou la contrariété, *duhkha*, se lisent sur le visage, le corps, et les intonations de la voix. Un manque d'espace dans le cœur transparaît sur un visage fermé, dans un dos voûté, dans ses rigidités, tandis que l'ouverture du cœur se révèle dans un sourire. Selon une interprétation du professeur Krishnamachârya, *smitâ*, le sourire, est pour le sanskrit, le contraire d'*asmitâ*, l'ego. Le « a » de *asmitâ* est privatif du sourire : quand il y a de l'ego il n'y a plus de sourire.

Selon Vyâsa et le *sâmkhya-kârikâh*, la souffrance est de trois sortes (*duhkhatrayam*) : celle qui vient de soi (*âdhyâtmikam*), celle qui vient des autres (*âdhibhautikam*) et celle qui vient des catastrophes naturelles (*âdhidaivikam*). Celles qui viennent de soi et des autres, nous le savons, se mêlent et s'entremêlent à loisir. Ce sont celles-là que nous cherchons à démêler. Mais il y a aussi celles que nous entretenons. À l'aphorisme I.31 des *Yoga-Sûtra*, l'esprit négatif, *daurmanasya*, est pour Patañjali le deuxième concept après la souffrance, le compagnon de l'agitation mentale. *Daurmanasya*, étymologiquement, est composé de *daur* (le mauvais, le négatif — de la même racine que *duh* dans *duhkha*) et de *manas* (le mental, les pensées). *Daurmanas*, ce sont les mauvaises pensées ou les pensées mauvaises.

Un « mauvais » mental est donc à la fois un mental qui n'est « pas bon » dans le sens où il est triste, découragé, pessimiste, anxieux, et pas bon car la bonté en est absente. Il est susceptible de favoriser le « mal », et d'être malveillant. Telles sont les deux acceptions de ce terme. C'est ainsi que nous trouvons *daurmanasya* certaines fois traduit par

« tristesse, mélancolie, découragement[3] », « dépression, neurasthénie[4] », « angoisse anxiété[5] », et d'autres fois par « malveillance[6] ». L'idée de malveillance est très intéressante, car on l'observe cliniquement bien souvent : la pensée est négative et la haine l'emporte.

Pour le professeur Desikachar[7], le sens premier de *daurmanasya*, c'est l'esprit négatif, mal tourné, le perpétuel mécontent qui donne une connotation péjorative à toute chose. Dans un deuxième sens, c'est l'incohérence, la dépression, le découragement, la neurasthénie. Ces deux dimensions révélant un mauvais fonctionnement du mental dans sa relation aux instruments de perception et d'action. La personne manque de clarté, elle est tourmentée, submergée par ses problèmes. Enfin, dit-il, *daurmanasya*, c'est l'opposé de *saumanasya*, la sérénité, dont parle le *sûtra* II.41. Étymologiquement, *saumanas* c'est le « bon » mental, équilibré, positif, et capable de bonté (*sau* ou *su*).

Mais le négatif attire le négatif : pessimisme, découragement, sentiment de solitude ou d'exclusion attisent *daur-manas*, le « mauvais » mental. Et c'est un cercle sans fin qui entraîne les sentiments de persécution ou de paranoïa, les crises d'anxiété, les dévalorisations de soi-même, les blessures d'amour-propre. Et derrière cette avalanche d'affects, l'inconscient (*avidyâ*) passe à l'acte : l'ego réclame son dû (*asmitâ*), revendique l'importance qu'il souhaite qu'on lui accorde (*râga*). Le cœur se resserre, se referme, se rétrécit. Fâché, déçu, frustré, il se refuse (*dvesha*). Mais de la peur bien souvent gît au fond de ce processus (*abhinivesha*), celle de ne pas être aimé, de ne pas compter, d'être oublié, exclu, abandonné, et la rage l'emporte (que l'on entend résonner à la racine de *râga*).

L'esprit négatif, c'est ce contre quoi lutte le *yogin* — ou quiconque cherche un peu de sagesse —, s'il ne veut pas voir sa vie ternie ou obscurcie par la rancune ou les divers ressentiments qu'une

3. Comme dans le *Dictionnaire sanskrit-français* de N. Stchoupak, L. Nitti et L. Renou, Paris, Maisonneuve, 1987, p. 328.

4. B. Bouanchaud, *Miroir. Itinéraire vers soi-même à travers les Yoga-Sûtra de Patañjali*, Paris, Âgamât, 1995, p. 70.

5. Patañjali, *Yoga-Sûtra*, trad. F. Mazet, Paris, Albin Michel, « Spiritualités vivantes », 1991.

6. P. Geenens, *Yoga-Sûtra de Patañjali : Roi Bhoja commentaire de Bhoja*, Paris, Âgamât, 2005.

7. Propos de T. K. V Desikachar rapportés par Frans Moors au sujet de sa traduction du *sûtra* I.31.

existence additionne. Il oblige à un travail d'attention et de détachement pour ne pas vivre dans l'aigreur ou l'amertume que génèrent les déceptions affectives. Et ce combat s'avère la délicatesse de celui qui souhaite faire le moins de mal possible à autrui, car l'esprit négatif, par sa grossièreté, finit toujours par être malveillant.

Pour lutter contre ce mauvais esprit, il faut donc désirer interroger l'aveuglement qui le suscite (*avidyâ*) et comprendre les causes de souffrance qui l'animent, ce que Patañjali appelle les *klesha*. Mais il faut désirer avant tout en finir avec la jouissance que procure le négatif. Car il y a infiniment de bénéfices à se complaire dans une position de victime qui autorise à la malveillance. Et à travers cette posture, l'Autre est toujours vécu comme le persécuteur (celui qui a tort, celui qui a commencé, celui qui fait souffrir) — ce qui évite à celui qui se dit victime de se remettre lui-même en cause, et ce qui légitime à ses yeux n'importe quelle agression en retour.

La ronde infernale de la malfaisance commence ainsi, dans la plus petite pensée blessée, susceptible, frustrée qui fait traînée de poudre ; et cela va des ruminations les plus inconscientes aux actes de nuisance les plus sournois et offensifs. Derrière l'esprit négatif, ressentiment et vengeance libèrent de la rage. *Daurmanasya* inocule de la mort dans la relation.

Que le sanskrit puisse condenser en *daurmanas* les deux dimensions sombres du mental que sont la tristesse et la malveillance permet de glisser de l'une à l'autre dans la plus grande logique interne, car, de l'insatisfaction déprimée à l'animosité, il n'y a qu'un pas. Et ce pas, c'est celui que fait la frustration, à travers la pulsion, lorsque le sujet n'obtient pas ce qu'il veut ou ce qu'il attend, quand il est blessé ou humilié. Ainsi la frustration relie-t-elle ces deux significations dans une grande cohérence psychologique. Ces deux acceptions se complètent et se justifient en permettant d'envisager *himsâ*, cette nocivité en acte envers autrui, qu'elle soit en pensée, en parole ou en action. De ce fait elle s'oppose à la première loi éthique du yoga, le respect de la vie, la non-violence, *ahimsâ*.

Par le biais donc purement littéral du sanskrit, ce concept de *daurmanas*, la malveillance, rend lisible l'interaction entre travail psychique et travail éthique intimement imbriqués l'un dans l'autre. Pratiquer le yoga, c'est-à-dire soigner son mental, ne plus se faire la proie de la violence de l'autre, et soumettre le moins possible l'autre à sa propre violence (même si certaines violences sont nécessaires), est pour le *yogin* un acte moral et spirituel, intrinsèquement lié à la tradition philosophique du yoga qui fait du respect d'autrui le soleil de son éthique.

Ainsi, comme le dit Patañjali, il n'y a pas que *duhkha*, nos souffrances, il y a la façon dont elles nous affectent, la façon dont nous les ruminons, dont elles font sécréter de la haine, les mauvaises pensées et les actes qui les accompagnent. Voilà pourquoi, à l'aphorisme I.31 des *Yoga-Sûtra*, Patañjali dit que souffrance et malveillance (*duhkha, daurmanasya*) sont, avec l'instabilité corporelle (*angame-jayatva*) et la respiration perturbée (*shvâsa-prashvâsah*), les compagnons de l'agitation mentale (*vikshepa*)[8].

À travers *daurmanasya*, la lisibilité du malheur humain transparaît, laissant filtrer cette jouissance souvent inconsciente ou mal intentionnée que le yoga, dans son éthique et sa pratique, tente de modifier. Mais comment s'y prend-il ? Comment corps et souffle parviennent-ils à avoir un effet sur l'état d'esprit ?

Si la souffrance, comme on vient de le voir, rétrécit ou annule l'espace intérieur, c'est en cherchant à rouvrir les espaces du corps et du mental, meurtris, refermés, resserrés, que le mouvement du souffle, dans les postures les plus noueuses, cherche à desserrer les refus du cœur inscrits dans les nœuds du corps. C'est dans cette ouverture lente et profonde, autant physique que psychique, qu'un nouvel état d'esprit surgit. Elle est là l'expérience du yoga, dans la réouverture, par tous les étirements possibles et inattendus, des espaces du corps pour toucher le mental — là où *duhkha*, cet espace « mauvais », fait de lui le

8. Patañjali, aphorisme I.31, *Duhkha-daurmanasya-angamejayatva-shvâsa-prashvâsâhvikshepa-saha-bhûvah* : « Les symptômes (*saha-bhûvah*) de l'agitation (*vikshepa*) mentale, traduit Frans Moors, sont la souffrance (*duhkha*), la malveillance (*daurmanasya*), l'instabilité corporelle (*angame-jayatva*) et la respiration perturbée (*shvâsa-prashvâsah*). » Les dérèglements (*vikshepa*) (qui sont précédemment cités à l'aphorisme I.30 comme étant les obstacles au yoga) s'accompagnent de manifestations (*saha-bhûvah*) : – émotionnelles avec *duhkha* : une souffrance souvent profonde et diffuse, une véritable blessure intérieure ; – mentales avec *daurmanasya* : la pensée est mauvaise, négative. Elle assombrit l'humeur et peut provoquer le désespoir ; – physiques avec *angamejayatva* : l'incapacité de rester en place, et parfois l'ensemble du corps est l'objet de tremblements ; – énergétiques avec *shvâsa-prashvâsah* : la fonction respiratoire est dérangée, elle se raccourcit, les inspirations et expirations sont perturbées. Chacune de ces manifestations peut affecter les autres et y trouver un terrain d'expression. Ces symptômes devraient attirer notre attention et nous inciter à prendre les mesures adéquates.

lieux de toutes les résistances. À l'issue de sa pratique lorsque le *yogin* se sent à nouveau capable de bienveillance et de paix, le cœur est tout simplement rouvert. C'est l'état de *sukha* ou de *saumanasya*, contraire à l'état de *duhkha* ou de *daurmanasya*. L'esprit est purifié (*sattva-shuddhi*), dit l'aphorisme II.41, et « l'espace est heureux », traduisait Gérard Blitz.

Ainsi *Saumanasya* (aphorisme II.41) s'avère une délivrance — une délivrance de la proie que nous sommes pour cette adhérence qu'il y a entre soi et la souffrance. Voilà pourquoi l'aphorisme suivant (II.42) évoque *samtosha*, le contentement, la possibilité de jouir de la vie, qui en résulte.

Le travail du yoga est de ce fait une conversion de l'humeur, une réorientation de l'état d'esprit, une rotation du cœur. Et progresser vers ce changement d'humeur nécessite tout le travail d'élimination inhérent à une pratique de yoga : l'expérience d'*apâna* relative à l'expiration, à la suspension poumons vides créant avec l'*uddîyâna-bandha* la vacuité nécessaire au lâcher-prise ; et le travail de *prâna*, la force positive qui est associée à l'inspiration, à l'ouverture et à l'élévation du haut du corps, à la suspension poumons pleins, puis à *jâlandhara-bandha* qui accroît la combustion de tout le négatif dont le sujet souhaite se débarrasser. À la suite de tout cela surgit l'énergie physique et spirituelle d'*udâna*, située dans la gorge et la tête. Elle est l'énergie créatrice de la parole, celle dont l'aphorisme III.39 dit qu'elle permet de se séparer et de s'élever au-dessus de ce qui mouille, salit, pique ou blesse[9].

Maintes et maintes fois le *yogin* remet ainsi sur le métier son ouvrage s'il veut purifier ses relations et son rapport au monde. Et cette discipline incessante finit à la longue par produire certains effets. L'énergie de vie, appelée *prâna*, dont les textes disent qu'elle est « l'amie de la conscience[10] », lorsqu'elle pousse à l'analyse, finit par atténuer les ravages du passé. L'existence prend alors une autre *saveur* et son approche devient plus spirituelle : elle permet de percevoir, d'éclairer et de *goûter* tout simplement la vie qu'il y a dans la vie…

---

9. Commentaire de Frans Moors.

10. « *Prâna* est un ami du *purusha* », dit T. K. V. Desikachar, dans *Yoga. Entretiens sur la théorie et la pratique*, Bruxelles, UEY, 1980, p. 132.

CHAPITRE 3
Méditation sur une fracture. Une approche psychanalytique de l'altérité

> Celui qui n'a pas été reconnu comme autre se trouve mangé en tant qu'être parlant.
>
> MARIE BALMARY

Voici maintenant le moment d'articuler les concepts de *duhkha* et de *daurmanas* aux réflexions freudiennes et lacaniennes. De quoi est fait ce négatif qui récidive, encore et toujours, et qui vient gâcher la vie? D'où vient-il? Quelle est cette jouissance dont on a tant de mal à se débarrasser? Que peut en dire la psychanalyse?

Quand l'autre ne répond pas

Pour interroger ce rapport à la souffrance liée à la relation que le sujet entretient avec les autres, il nous faut revenir aux schémas lacaniens qui illustrent l'aliénation fondamentale de l'être humain aux prises avec l'absence, et l'épreuve réitérée de celle-ci quand s'ouvre l'abîme qui le sépare de son Autre.

Au début il y a donc, pour le petit de l'homme, une complète osmose entre sa mère et lui reliés par le placenta puis le sein. Lacan poussera ensuite ce schéma à l'abstraction, en désignant le sujet par $\not S$ et $\not A$. Puis, de sevrage en différenciations successives, l'espace se creuse et l'objet qui causait le désir du sujet — désir de complétude, d'assouvissement, de sécurité, de reconnaissance — se met à chuter. Souvenons-nous de la fracture de ces deux demi-lunes que nous avons illustrées plus haut. Le sujet se retrouve donc séparé, c'est-à-dire séparé de son autre et de l'objet qui causait son désir et sa faim. L'Autre et l'objet du désir sont ici confondus. Le sujet se retrouve donc dans l'attente, incertain que la satisfaction ne revienne, dépourvu, impuissant, dépendant. Et cet écart, qui lui vaut aujourd'hui encore d'être seul, l'a soustrait au Tout dont il a fait partie. Mais cette rupture n'est pas, comme on pourrait le croire, vécue une fois pour toutes aux origines de la vie. Elle ne se réduit pas à la mémoire d'un abandon premier qui fixe un destin dans une structure.

Non. Cette expérience, loin d'être unique, se re-traverse. Elle se re-traverse chaque fois que l'Autre ne répond pas. Et cet autre qui ne répond pas se re-présente chaque fois que le sujet en espère, de façon quasi vitale, le complément de son être, le miroir de sa valeur ou le prolongement de son existence. L'Autre appartient au fantasme de l'Un. Que cette expérience se revive dans la privation que génère une rupture amoureuse, à travers un soutien qui ne vient pas, une reconnaissance qui tarde, ou simplement un courrier auquel le sujet reste suspendu, et, à nouveau, une menace est en jeu qui déchaîne les affres de l'angoisse ou de la frustration, de la rage ou de la dévalorisation, ramenant le sujet à un être de déchet. Narcissisme et castration sont au rendez-vous, ambivalence où se mêlent amour et haine.

Cet abîme où s'est rompu le premier lien de continuité entre le sujet et son autre aspire à sa suite toutes les autres expériences de *désêtre* et de solitude qui font de lui un puits sans fond de larmes et de dépression. Car là, une chute s'est produite. Un effondrement. Des éboulis de mémoire. Et, du bord du gouffre, là où la roche était tendre, l'écho d'un cri qui se souvient de sa perte. Cette fracture entre l'Autre et soi-même est le lieu du trauma, du drame, de l'exil. Et le sens de cette barre sur le $\not S$ du sujet et de cette barre sur le $\not A$ de l'Autre dit l'oblique d'une coupure inéluctable qui tranche dans la fusion originelle. Cette scission entraîne à tout jamais la division du sujet.

Les événements qui font revisiter la souffrance de cette rupture sont de tous ordres. Ils surviennent dans le domaine du travail, de la famille ou de la relation amoureuse, à chaque fois que l'intensité, inconsciemment incestueuse, voisine avec la passion. Ils peuvent également se réactualiser pour un élève, entre lui et ce qu'il fantasme de son professeur. Ils se reproduisent chaque fois que le désir du sujet est en jeu et que l'autre lui échappe, chaque fois que pour exister il s'agit de faire *partie de* et de se faire reconnaître, tandis que l'autre ne permet pas de venir prendre place en lui. Le sujet revit alors le danger d'une coupure, d'une séparation, le danger d'une castration.

Mais qu'est-ce que ce schisme, aux origines, a emporté avec lui, dont le moi est aujourd'hui privé? Dans le vide qui sépare l'un et l'autre, à tout jamais disjoints, le sujet a non seulement perdu une partie de son autre, dont il était constitué et avec lequel il partageait le Tout, mais il a également perdu une partie de lui-même. C'est ce qui a fait dire à Lacan que « la façon la plus certaine d'approcher ce quelque chose de perdu (dans la relation à l'autre), c'est de la concevoir comme un morceau de corps[1] ». Cette partie deviendra donc l'objet à reconquérir, que Lacan appellera « objet petit a », cause du désir. Cet objet prendra maintes formes, mais il aura, chaque fois, pour fonction de compléter narcissiquement le sujet pour des retrouvailles à peu près satisfaisantes avec lui-même. Cette *partie*, le sujet cherchera à la récupérer (et c'est sans doute ce qui se passe dans l'expérience d'unité que confère le yoga).

L'espace entre le $\cancel{S}$ et le $\cancel{A}$ d'où l'objet *a* s'est retiré est ainsi devenu appel, élan, quête, mais aussi vertige, péril, terreur. Il porte la mémoire d'une menace. Le sujet doit surmonter l'histoire traumatique du manque qui fut le sien pour traverser cet intervalle qui, pour certains, est devenu précipice. Cette expérience, si elle a été cruelle et redoutable, c'est qu'elle a été éprouvée comme un laisser-tomber de l'Autre, une détresse originaire par rapport à laquelle l'angoisse, dit Freud, représente une première défense. Elle est une déréliction infinie quand l'Autre ne répond pas, en ce point précis où le sujet l'attend pour sa propre survie.

Freud appela *Hilflosigkeit* cette détresse initiale et Catherine Millot décrit ce désarroi comme « l'état d'être livré sans défense à ce qui peut vous détruire ». Ce sentiment de *désaide*, inscrit hors symbolique, est comme la première empreinte d'un désespoir innommable. « L'Autre, notre primitive protection, dit-elle, nous apparaît comme celui-là même d'où vient le danger, à la merci que nous sommes de son bon ou mauvais vouloir, de son désir énigmatique, voire de sa jouissance. C'est

1. J. Lacan, *Le séminaire*, t. X, *L'angoisse*, Paris, Seuil, 2004, p. 158.

une expérience humaine fondamentale qui a son prototype dans l'état du nourrisson faisant l'épreuve que rien ni personne ne répond à l'appel pressant de son besoin ou de quelque urgence vitale. Freud y voyait le traumatisme originaire, modèle de tous les autres, par rapport auquel l'angoisse représentait une première défense[2]. »

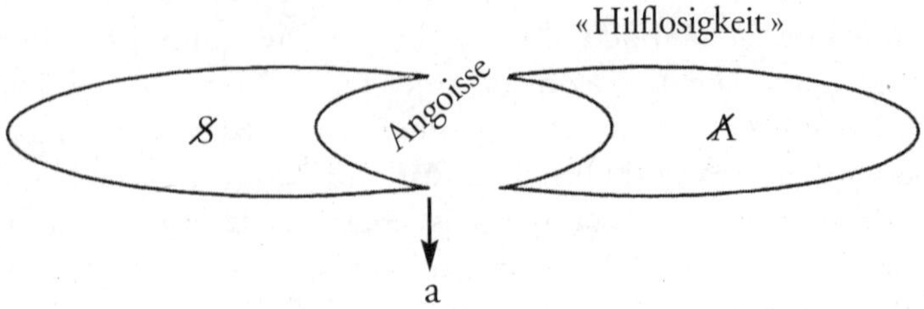

Lacan définissait également cette expérience comme une « position d'être sans recours plus primitive que tout », et c'est cette détresse reconduite, « expérimentée, dans la faillite du recours à l'Autre comme instance tutélaire[3] », qui amène certains à rechercher ici et là perpétuellement un maître infaillible, le tuteur rêvé, tandis que d'autres, désespérés de le trouver un jour, ont été amenés à incarner ce soutien pour autrui, et que d'autres encore y ont renoncé.

D'une façon ou d'une autre, personne n'échappe à ce désastre. Il est, à l'orée de la vie, une épreuve de mort, irréductible et sauvage, une mémoire de corps, indélébile, la matrice d'un destin. L'enfant qui n'a pas eu les mots pour enclore cette panique intime a vécu cette épreuve dans la plus extrême passivité, soumis à la plus grande impuissance. Et la fatigue qui empoigne encore l'adulte quand l'angoisse se présente, dit bien l'effort qu'il a fallu à l'enfant pour la maîtriser. Dans le vide où a chuté une partie du sujet, une part de l'autre avec laquelle « il faisait corps » s'est également détachée. Voilà pourquoi, au dire de Freud, l'angoisse de mort est l'« analogon » de l'angoisse de castration. Une part du sujet est morte avec ce détachement, et avec elle une part de l'autre aussi — ce qui explique peut-être la difficulté, voire la résistance inhérente au travail du détachement telle que la mettent en perspective les philosophies de l'Orient. Cette expérience, nimbée d'angoisse,

2. C. Millot, *Abîmes ordinaires*, Paris, Gallimard, 2001, p. 40 et 41.
3. *Ibid.*, p. 40.

demeure le lieu d'une catastrophe, d'une perte, d'une peur, d'un deuil, là où ça s'est arrêté. Voilà pourquoi, au cœur de la brutalité du monde, quand règnent les terrorismes et que l'inquiétude s'amplifie, le sujet agonise encore, tremble et redoute que le pire n'arrive à nouveau, au tournant d'un hasard, d'un avion, d'une rue, d'un quai de gare. Et le pire c'est de perdre son autre, comme un morceau de soi-même. Cette cicatrice se rouvre au moindre incident. Il y a là comme une empreinte, un arrachement, une blessure du plus profond de l'être. Cette expérience est le lieu d'un deuil ancestral. L'autre ne fera plus jamais corps avec soi. De cet « impossible », Lacan caractérisa le réel. Et dans cette dérive des continents, le sujet appelle, voué à l'inquiétude. L'autre s'éloigne. Il n'entend pas. Fallait-il que cet Autre ait été élu tout-puissant pour que le sujet croie trouver en lui sa garantie ?

Dans certains attachements affectifs, ou certains transferts liés au travail thérapeutique, nous retrouvons le même agrippement qu'aux premières heures ou aux premiers mois de la vie. Comme une glycine s'enroule autour du néflier — et chacun sait que la glycine ne s'enroule pas qu'une seule fois — l'accrochage est si fort que toucher à ce lien est extrêmement délicat, car dans cette intensité transférentielle, voire dévoratrice, le sujet renoue avec des mécanismes très archaïques, de type psychotique. Il puise dans ce lien l'énergie d'un *support* vital et, pendant ce temps, il fait de l'autre son moi auxiliaire. Le tact ou la délicatesse thérapeutique consiste à attendre le bon moment pour rendre le sujet à son autonomie et se soustraire à cette fonction, mais pour le sujet le moment ne sera jamais le *bon*, cherchant, comme un lierre recouvrant son support, à faire disparaître la forme qui est en dessous (le professeur ou l'analyste), jusqu'à ne plus savoir qui est qui. Le sujet est dans la confusion.

La relation analytique fait du transfert (c'est-à-dire des affects ou des mécanismes qui se transfèrent sur l'analyste) le corps même de l'avènement de l'inconscient. Il est une occasion pour la conscience, le levier qui débusque les mécanismes les plus opératoires et les plus profonds de la névrose ou de la psychose. Et dans son interprétation, puis dans son maniement, l'analyste fait de son dévoilement une clef. De ce fait, une analyse, lorsqu'elle est menée à son terme, met le sujet en condition de revivre et d'affronter le sentiment initial de l'abandon. Une désillusion est à supporter. La non-garantie de l'Autre est annoncée. Et de cette déception, aphasique, survient la sensation d'une inaccessibilité.

C'est alors le moment pour le sujet d'accepter de n'être pas l'unique objet de désir, de n'être pas com-pris, rejeté du champ de la com-préhension de l'Autre, dans l'impossibilité de venir se loger en lui pour y être entendu ou reçu. Voici venu le temps d'assumer d'être seul, relégué au second plan comme il a pu l'être par sa fratrie ou tout autre tiers qui a rompu le charme de la dualité mère-enfant.

Il y a tout cela dans cet abîme entre $\not{S}$ et $\not{A}$, du chagrin autant que de l'insatisfaction, de l'attente autant que du manque de soutien, un désenchantement. Et là commence le vrai travail. Car l'*attachement* a pour fonction de suturer la béance de l'écart entre l'autre et le sujet. Et cela, dans la prime enfance comme dans une analyse, quand tout est revécu pour être analysé, mais aussi dans la vie ordinaire, quand ce désir d'absolu est transféré de la façon la plus aveugle sur telle ou telle personne. Il est toujours très coûteux pour celui ou celle qui a été mis à cette place de répondre à cette exigence, de supporter la démesure de ces transferts positifs autant que négatifs car ils peuvent aller de l'admiration, de la flatterie, de la dévotion jusqu'à la haine la plus enragée. Et après les premières idylles, lorsque la *limite* vient à être posée, pour le sujet la faille s'ouvre à nouveau.

Il en va d'ailleurs ainsi pour chacun de nous, chaque fois que nous trouvons décevante ou « limitée » telle ou telle personne qui ne répond pas à notre demande. Dans ces moments-là, précisément, nous butons contre cette *limite*. Nous nous heurtons au bord coupant des deux continents séparés, sujet et Autre. Car à cette frontière-là cesse le rêve. Là se dessine le lieu de la non-réponse de l'Autre, là et précisément là où le sujet est laissé à son insatisfaction, dans le vide, le lieu du silence de l'Autre, quand celui-ci ne répond pas, ou ne répond plus.

Changer l'impossible en sagesse

Voici maintenant la question qui nous intéresse. Comment transformer ce réel (en tant qu'impossible) en sagesse ? Comment permettre à ce vide de devenir dynamique et spirituel ?

L'autre sera toujours sur l'autre rive. Il ne nous entend pas toujours. Il n'a pas toujours le temps d'arriver. Il regarde ailleurs. Admettre que A soit barré c'est lui reconnaître sa propre part d'impuissance, mais aussi sa propre part d'altérité. Il n'a pas forcément envie de nous combler (et il en a bien le droit quand il n'est pas notre mère et que nous ne sommes pas son enfant). Permettre à ce vide de devenir spirituel, c'est d'abord *se faire* à l'impossible et supporter la frustration. C'est donc être capable d'assumer une solitude.

Il y a dans cette méditation du rapport à l'Autre une chute de l'avidité, une conscience de la démesure, une lucidité pure et simple de ce qui ne pourra jamais être donné. Cependant, avant de générer de l'indulgence et de la tolérance, avant d'en rabattre sur nos attentes, avant de s'en faire une raison ou de faire *résonner* ce vide, la confiance en l'autre en prend un certain coup dans l'aile. Le *détachement* ne se fait pas sans douleur. L'aigreur ou l'amertume colore ce malheur. On pourrait écrire d'ailleurs l'amertume ainsi: «la-mère-tue-me», car il y a de la mère en arrière-fond de tout cela.

Avant de consentir à l'impossible, à l'impuissance ou à l'inconnaissable, avant de faire du vide une sagesse en acceptant d'être «le ravin du monde», comme le disait Lao Tseu, la question de la haine reste entière. L'agressivité, le dépit, la colère sont les réponses de la pulsion. D'un point de vue transférentiel, le sujet ne renonce pas si facilement à l'union sacrée qui précéda la rupture, et il le fait payer. Il ne renonce pas non plus à la destitution de A, qu'il avait conçu glorieux et tout-puissant. Et quand tout cela est mis en péril, que se passe-t-il?

La haine, née de la frustration, la haine, du fait que l'impossible est inacceptable, fustige les limites.

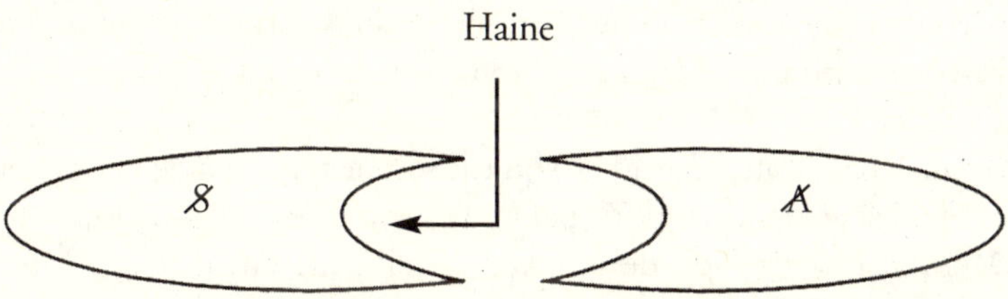

Et parmi les symptômes de l'inacceptable, nous assistons actuellement, au sein de nos sociétés, au credo doctrinaire des intégrismes qui exigent qu'à grand A soit restituée sa totalité. Nous assistons, en place de A, à la création totalitaire d'un Dieu du fanatisme qui engendre les terrorismes. Et en son nom se justifie la vengeance et la violence meurtrière. C'est dire que lorsque le sujet rejoint A dans l'Idéal, en position de Dieu, il se lie à la mort. Ainsi en va-t-il des attentats suicides, du culte du martyre et des bombes humaines qui s'unissent à Dieu dans l'extase suicidaire : A = I = mort.

Pourtant, disent les chrétiens, « Dieu est doux », mais la douceur divine n'a pas empêché les massacres de la Saint-Barthélemy, diraient certains. Ce n'est pas Dieu qui est en question, mais ce qu'on en fait. Et quand A est non barré, associé à l'idéal tout-puissant, mis en position de Dieu, le sujet est prêt à tout…

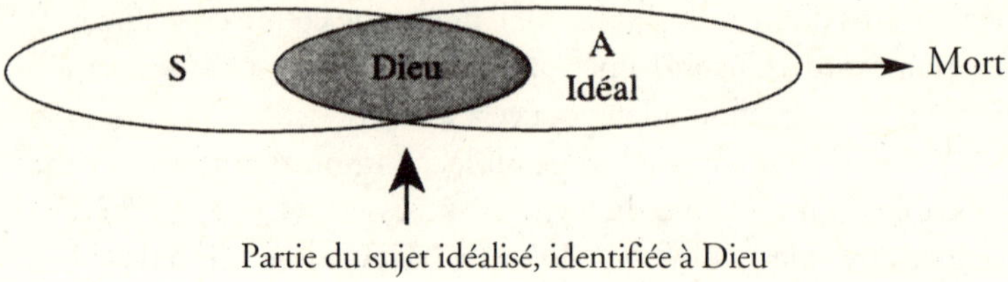

On pourrait dire, d'un point de vue psychanalytique, que dans ce vide insupportable, dans ce déni de l'écart qui sépare le sujet de son autre, l'être humain refuse la destitution de A, c'est-à-dire la castration du sujet, car en perdant A, le sujet perd une partie de lui-même (et pas n'importe laquelle, une partie idéalisée de lui-même), d'où l'effet castration, tandis qu'avec la totalité de A le sujet demeure entier. Le refus de la castration va donc de pair (de père ?) avec l'édification d'un grand Autre tout-puissant qui fait, entre autres, les ravages des totalitarismes. Par conséquent le sujet, s'il élit du A, c'est pour son propre déni de la castration. Voilà, me semble-t-il, ce qui est très important à comprendre.

La fabrication d'une idole (qu'elle soit de type stalinien, hitlérien ou religieux) viendrait donc pallier la perte d'une totalité première. Dans ce cas, cette idole devient l'objet hallucinatoire de la puissance défunte, vestige, ou bien déni de l'objet perdu. Et sur la scène de la sécurité publique, l'invocation déifiée d'un Autre tout-puissant, au nom duquel le pire peut être commis, est actuellement bel et bien effective. Au regard de l'actualité mondiale, on voit que grand A, quel qu'il soit, despotique et sectaire, dans sa forme politique autant que religieuse (puisque sa fonction est de relier même au prix de tuer), est ainsi chaque fois réinventé pour légitimer les génocides ou autres barbaries. Il participe à l'exclusion de toute différence, œuvre à l'établissement du même, et au renforcement du moi identitaire.

Lorsque nous assistons dans les discours politiques tels que ceux du nazisme à l'édification, en place d'idéal, d'un grand A tout-puissant à l'ombre duquel une partie du groupe ethnique ou social se croit en sécurité, nous verrons plus loin que se manifestent les mêmes mécanismes qu'aux origines de la construction du moi : identification aux images de la puissance, déni de l'altérité (on évacue tout ce qui est étranger pour garder le même) et formation d'un moi identitaire sur le dos d'une exclusion.

Les totalitarismes et leur extermination raciste ne fonctionnent pas autrement. Quelquefois même les institutions les plus averties de ces phénomènes n'échappent pas à leurs fonctionnements. La compréhension du mécanisme (la réalisation de ce que l'on appelle le « signifiant du manque dans l'Autre ») ne produit pas que de la sainteté. Il en va ainsi des institutions politiques, psychanalytiques, comme des groupes sociaux les plus ordinaires : le mépris ou le refus de la différence commande au phénomène sectaire.

Dans ce cas de figure, il n'y a plus d'intervalle entre $\not{S}$ et $\not{A}$, il est recherché du même et de l'intégrisme — et c'est là que l'on voit que l'intervalle garantit la constitution d'une altérité. Au contraire, il y a ligne de continuité, suffisance, et pureté groupale ou « ethnique ». On voit donc comment cet espace qui disjoint le sujet de son autre barré représente, dans sa structure même, la séparation propice à la liberté de pensée, l'accès à la disparité, l'ouverture d'esprit. Il est donc toujours de mauvais augure qu'il en soit autrement, car le désir de fusion (ce désir de faire corps avec le même) dont la haine est le corollaire présage des stratégies du pire.

On voit donc qu'une politique de l'altérité commence au plus intime, d'être à être, au cœur de nos relations quotidiennes, de nos couples ou de nos familles, comme au cœur de nos collégialités professionnelles, à la condition de reconnaître et de respecter la différence qui nous sépare de l'autre. Mais pour cela faut-il encore renoncer soi-même à satisfaire l'idéal de puissance auquel le moi s'est identifié depuis le début — idéal qui a rigidifié ses conduites, et qui le pousse encore aujourd'hui à chercher en l'autre le maître omniscient ou omnipotent, toujours du côté du plus fort.

C'est une chose de se fabriquer du Tout-Puissant, figure de l'aliénation qui colmate toute différence, et c'en est une autre de méditer l'espace qui se déploie dans l'entre-deux d'une fracture. Grâce à l'insuffisance mutuelle de l'un et de l'autre, le $\not{S}$ et le $\not{A}$, témoignent de leur limitation, et cette limitation ouvre à une modestie. Au regard de l'univers, est-il encore possible de se croire tout-puissant, et de croire que l'Autre puisse l'être?

Assis les pieds dans le vide sur le rebord de leur demi-lune, le regard tourné vers les étoiles, certains pourtant rêvent d'élévation, d'ailleurs et d'inconnu, là où l'inconscient nous appelle. Ils savent qu'il y aura toujours du plus grand que soi sans avoir à rivaliser avec lui. Fussent-ils une poignée, ceux-là nous font du bien.

Lorsque le sujet fait de ce «renoncement à la toute-puissance» une méditation, «il sait qu'il n'est pas une défaite mais un signe de sagesse, dit Schmuel Trigano. Il accepte désormais, parce qu'il s'est libéré de la nostalgie régressive du déraciné — que le monde soit irrémédiablement en dehors de lui, qu'il lui en échappera toujours une part, que lui-même ne fera jamais totalement corps avec lui-même, et que la séparation est inscrite dans son être [...]. Il sait que cette absence n'est pas le défaut de la présence mais au contraire sa condition [...]. Parce qu'il pratique l'accueil de l'étranger en soi, et force les autres à l'accueillir comme étranger, l'exil est une expérience de l'hospitalité.» «L'exil déracine le moi, dit encore Trigano, dans le sens où il l'arrache à la terre à laquelle il tient de toutes ses fibres biologiques. Moment dramatique, à la pesanteur terrible, car jamais l'exilé ne pourra plus pousser de racines dans d'autres terroirs. Ses racines resteront à nu, exposées dans le vide, et d'une certaine façon, on pourrait dire qu'elles

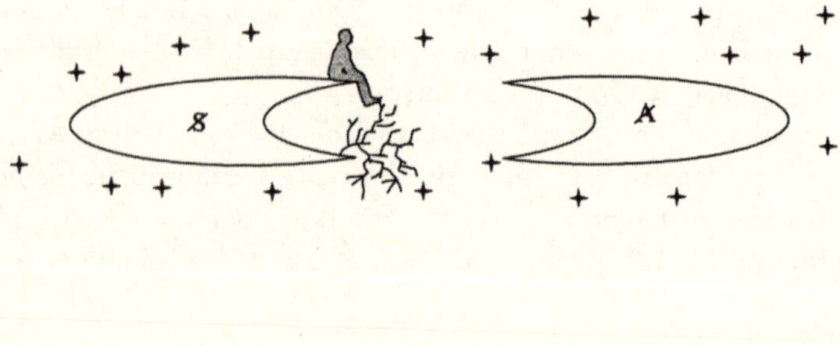

n'auront plus que le ciel où pousser désormais, ce vide où elles vont s'étendre en cherchant à retoucher terre[4]. »

Ainsi, à partir de cette détresse initiale, une lutte éthique et sublimatoire peut relever le défi d'une fonction spirituelle civilisatrice, en faisant de l'exil « une expérience de l'hospitalité ». Mais le chemin est long pour s'élever à d'autres destins que la brutalité, et pour « accueillir l'étranger en soi »…

Pour celui qui s'oriente en ce sens, il lui importe de faire un sort à la haine, d'accepter de quitter la forme paradisiaque de l'Autre, identique à soi-même, d'accepter que se fissure l'atome idyllique de la fusion, de supporter l'insatisfaction, la différence, et de canaliser le retour de la pulsion destructrice. C'est beaucoup. Et la haine a une histoire précoce et fulgurante. La constitution du moi et de l'autre ne se fait pas sans violence.

4. S. Trigano, *Le temps de l'exil*, Paris, Payot, 2001, p. 78, 81 et 19.

CHAPITRE 4
Retour à Freud. Le combat d'une humanisation

> Par suite de cette hostilité primaire qui dresse les hommes les uns contre les autres, la société civilisée est constamment menacée de ruine. [...] La civilisation doit tout mettre en œuvre pour limiter l'agressivité humaine et pour en réduire les manifestations à l'aide de réactions psychiques d'ordre éthique.
>
> SIGMUND FREUD

Comme nous venons de le voir, il est difficile d'accueillir en soi l'altérité. Au temps où le tout jeune enfant jouit de ce que Freud appelle « un narcissisme illimité », « être-un avec le Tout » constitue le premier rapport au monde du nourrisson. Son sentiment « d'éternité » abolit le temps et l'espace, et régit le « principe de plaisir ». C'est cet « illimité » qui retient l'attention de Freud car, nous allons l'apprendre plus loin, il voit en lui « les germes de la haine et de l'agression [1] ».

1. J. André, préface à S. Freud, *Malaise dans la culture*, Paris, PUF, 1995, p. VII.

Du désir d'illimité à la haine

Dans *Malaise dans la culture*, Freud repère d'abord en effet que, dans le fonctionnement du moi précoce, c'est « le principe de plaisir à la domination sans bornes qui commande de supprimer et d'éviter [...] les fréquentes, multiples et inévitables sensations de douleur et de déplaisir. Une tendance apparaît, celle de mettre à part du moi tout ce qui peut devenir source d'un tel déplaisir, de le jeter à l'extérieur, de former un moi-plaisir pur, auquel s'oppose un dehors étranger et menaçant[2]. »

La « domination sans borne » de Narcisse commence donc par une lutte pour conserver le meilleur, le même, le stable. De ce fait, le moi se constitue en éliminant ce qui menace la mêmeté de sa jouissance, et, par extension, élimine l'accès à toute différence ou à tout inconnu qui peut entraîner le déplaisir. Le désir d'illimité dans lequel baigne le moi devient donc le refus de toute altérité, son annulation même, dont on sait, quand le sujet est resté fixé à cette période, à quel destin elle peut conduire. Il y a donc, aux sources du narcissisme, un rejet (qui sera relayé ensuite par la pulsion sadique-anale), une menace de l'« étranger », un déplaisir de l'« autre ».

La formule employée par Freud, « moi-plaisir pur », n'est pas sans évoquer ce que nous disions plus haut; et cette expression garde encore aujourd'hui toute sa portée politique : « Pureté (celle de la race, de la croyance, de l'idéologie), épuration, purge, purification... le moi, le pur, et la haine, hantent le même territoire, dit Jacques André. En face, dit-il, l'impur est à cracher, à détruire[3]. »

Déjà dans *Psychologie des masses et analyse du moi* (1921), Freud, attentif aux funestes présages d'un holocauste pourtant encore ini-

2. « Ce qui donne une nouvelle impulsion au détachement du moi, d'avec la masse de sensations, donc à la reconnaissance d'un "dehors", d'un monde extérieur, ce sont les fréquentes, multiples et inévitables sensations de douleur et de déplaisir que le principe de plaisir, à la domination sans bornes, commande de supprimer et d'éviter. Une tendance apparaît, celle de mettre à part du moi tout ce qui peut devenir source d'un tel déplaisir, de le jeter à l'extérieur, de former un moi-plaisir pur, auquel s'oppose un dehors étranger et menaçant. Les frontières de ce moi-plaisir primitif ne peuvent échapper à la rectification par l'expérience » (S. Freud, *op. cit.*, p. 8).

3. J. André, art. cité, p. IX.

maginable à l'époque, savait observer que, « dans les aversions et répulsions qui, sans voile, se font jour à l'égard des étrangers qui sont à proximité, nous pouvons reconnaître l'expression d'un amour de soi, d'un narcissisme qui aspire à son auto-affirmation et se comporte comme si la présence d'un écart par rapport aux modalités de sa conformation individuelle entraînait une critique de ces dernières et une invitation à les reconfigurer[4] ». Il décelait là, à travers l'auto-affirmation d'un moi identitaire qui ne supporte pas « la présence d'un écart », le désir de pureté ethnique inhérent au nationalisme et identique au désir de mêmeté des origines du moi — désir de pureté dont on sait aujourd'hui qu'il conduit à toute forme de racisme, la barbarie, l'extermination de « l'étranger ».

Dans son texte intitulé *Pulsion et destins des pulsions* (1915), il annonçait déjà que « les prototypes véritables de la relation de haine ne sont pas issus de la vie sexuelle, mais de la lutte du moi pour sa conservation et son affirmation ». Rappelons que, dans la psychogenèse du sujet, la constitution du moi se soutient par la permanence de l'objet qui lui confère continuité, sécurité, satisfaction. Or, au temps du nourrisson, dont le désir est de baigner dans l'illimité, le sein maternel, premier objet de complétude, tant désiré, ne va pas toujours lui être disponible. Une faille va donc s'introduire dans le processus de continuité. Et en se soustrayant à l'attente et au besoin du sujet, le sein va se dérober à la toute-puissance de l'enfant. C'est ainsi qu'« à force de se soustraire et de se perdre, dit Jacques André, l'objet en tant que désiré, et parce qu'il échappe à l'enveloppement narcissique est, par principe, haïssable. Ce que je ne peux absorber, "je veux le cracher", dit-il. L'objet, la distance qui le constitue, l'écart vis-à-vis du moi dans lequel il se tient, font injure à l'omnipotence infantile. Le "moi-plaisir pur" et la clôture narcissique qui l'instaure ont la haine pour l'objet comme nécessaire corrélat[5]. » Haine, parce que l'objet du désir échappe au moi.

Ainsi, dit Freud, « pour la première fois s'oppose au moi un "objet", en tant que quelque chose qui se trouve "au dehors"[6] ». Et parce que cet objet fait limite et résiste, il crée une extériorité. C'est cette résistance de l'objet ainsi que la haine qu'il engendre qui vont

4. S. Freud, *Psychologie des masses et analyse du moi*, Paris, PUF, 1991, p. 40.

5. J. André, art. cité, p. VIII.

6. S. Freud, *Malaise dans la culture*, *op. cit.*, p. 8.

constituer pour le moi des frontières entre un dehors et un dedans. À l'illimité sans coupure se substituera désormais la bordure. Et de cette limite va dépendre la formation d'un moi, divisé.

Nous assistons ici à la façon dont l'impermanence de l'objet de satisfaction qui vient fracturer la toute-puissance du moi joue un rôle structurel dans sa constitution. L'objet, en se soustrayant, en créant une extériorité, oblige le moi à prendre forme en dehors de lui. La frustration, loin d'être toujours dommageable, délimite, circonscrit, structure. Une rupture dessine un littoral qui met fin à la confusion, à l'informe, à l'indéfini. Le moi fait le deuil de la fusion.

On peut comprendre de ce fait pourquoi le travail de la pensée, de l'écriture, de la parole — dont la fonction est de délimiter, de définir, de formuler, et qui, de ce fait, taille dans l'informe — paraît souvent si difficile à certains. Ce travail n'est possible qu'après un deuil, le deuil de la jouissance de l'illimité. Tant que ce deuil n'est pas achevé, ces personnes trouvent illusion dans l'impensé, le flou, l'imprécision, dans ce qui n'a pas de contour, dans le désordre et le flottement de l'à-peu-près, pour satisfaire à leur totalité.

Car le moi n'aime pas ce qui le coupe, ce qui lui échappe, ou ce qui lui résiste; et tandis que la frustration et la destitution de sa toute-puissance lui précisent ses limites, «la haine pour l'objet, dit Jacques André, pour tout ce qui sépare, cette haine située au cœur du narcissisme, fait de celui-ci un pôle de destructivité[7]». Ainsi, le doigt est mis sur la délimitation, la différenciation, qui, en produisant une séparation, suscite la rage. Lorsque la philosophie du bouddhisme fait donc de l'impermanence l'un des piliers de la sagesse, elle touche à cette période originelle, constitutive et volcanique de la formation du moi. On voit à quelle difficulté structurelle elle s'affronte... car l'impermanence crée la frustration. Et la frustration crée la violence.

Dans *Malaise dans la culture*, Freud attire maintenant notre attention sur le «penchant de l'homme à l'agression», «dévoilant en lui la bête sauvage, dit-il, à qui est étrangère l'idée de ménager sa propre espèce» — agression qu'il considère comme «une prédisposition pulsionnelle originelle et autonome», convaincu que «la culture trouve en elle son obstacle le plus fort». De ce fait il n'hésite pas à dire, et c'est là toute la thèse de son ouvrage, que «le développement de la culture doit être, sans plus de détours, qualifié de combat vital de l'espèce

7. J. André, art. cité, p. IX.

humaine», et que «le prix à payer pour le progrès de cette culture est une *perte* de bonheur, de par l'élévation du sentiment de culpabilité[8]».

Nous touchons là à un moment névralgique de la pensée freudienne. Selon lui, le progrès de l'espèce humaine dépend donc d'un «moins», d'un sacrifice de jouissance pour le sujet. «Cette perte de bonheur» n'est pas sans faire penser à tout «réfrènement pulsionnel» liée à une éthique et à une conscience morale (les *yama*, par exemple, dans la tradition du yoga) qui tente de faire reculer la pulsion d'agression. Selon Freud, pour le bien de l'intérêt général, le moi aurait donc à renoncer à la jouissance de l'illimité pour s'ouvrir à de l'autrement.

On voit donc que ce n'est pas sans renoncement que le moi se constitue dans son rapport au monde. Tout d'abord il résiste, il se bat pour garder en son noyau une jouissance dominante et «sans bornes», celle du principe de plaisir, il lutte contre un principe de réalité qui lui fait offense en tant que limite. Et finalement il doit lâcher son désir du Tout, son appropriation de l'autre. Bien des circonstances nous démontrent que nombreux sont les êtres humains qui n'en sont pas encore là.

Il nous revient alors cette question: comment assumer cette fonction structurante de la limite, sans solliciter cette «hostilité primaire» dont parle Freud, fille de la pulsion de mort? Comment se confronter à cette limite, qui exige autonomie, solitude, humilité, sans succomber à ce que Jacques André appelle cette «intolérance spéculaire du narcissisme[9]» qui rejette toute altérité?

Comment, donc, faire déboucher les expériences spirituelles (et notamment celles du yoga) sur autre chose que le «sentiment océanique» dont parle Romain Rolland, en laissant aux lois et aux devoirs éthiques qui soutiennent leurs disciplines une chance de faire limite à la toute-puissance et de civiliser la pulsion?

Dans *Malaise dans la culture*, Freud interroge ce passage entre déchaînement pulsionnel et sublimation éthique tout en tenant à marquer la part d'agression qui tient à la pulsion en tant que telle, à sa poussée, à son «mépris» de l'objet, dit-il — l'agression étant ensuite la plupart du temps «renvoyée là d'où elle est venue, donc retournée sur le moi propre[10]». C'est à partir de là, devant ce phénomène de

8. S. Freud, *Malaise dans la culture*, *op. cit.*, p. 54, 64 et 77.
9. Expression de J. André dans sa préface, p. IX.
10. S. Freud, *Malaise dans la culture*, *op. cit.*, p. 66, et J. André, art. cité, p. X.

retournement sur soi de l'agression, que cette problématique de l'agressivité, qui lie dans un premier temps l'être humain à la pure sauvagerie animale, rencontre ensuite sa complexité grâce aux notions de surmoi, de conscience morale et de culpabilité et que l'on s'avance vers une humanisation de la pulsion.

Essayons maintenant d'examiner grâce à Freud la façon dont cette dynamique s'instaure.

Naissance de la conscience morale

« De quels moyens, se demande Freud, se sert la culture pour inhiber, rendre inoffensive, peut-être mettre hors circuit, l'agression qui s'oppose à elle ? Nous avons déjà appris à connaître quelques-unes de ces méthodes, mais pas encore celle qui apparemment est la plus importante. Nous pouvons l'étudier sur l'histoire du développement de l'individu. Que se passe-t-il chez lui pour rendre inoffensif son plaisir-désir d'agression ? Quelque chose de très remarquable, dit-il, que nous n'aurions pas deviné et qui cependant est à portée de la main. L'agression est introjectée, intériorisée, mais à vrai dire renvoyée là d'où elle est venue, donc retournée sur le moi propre. Là, elle est prise en charge par une partie du moi qui s'oppose au reste du moi comme sur-moi, et qui, comme conscience morale, exerce alors contre le moi cette même sévère propension à l'agression que le moi aurait volontiers satisfaite sur d'autres individus, étrangers. La tension entre le sur-moi sévère et le moi qui lui est soumis, nous l'appelons conscience de culpabilité[11]. » Voilà que Freud désigne ici un phénomène essentiel : le retournement sur le moi de l'agression auparavant dirigée contre autrui.

Quelle est donc cette instance qui inverserait le processus ? La conscience du bien et du mal ? Pourtant Freud, en bon clinicien, sait bien que « souvent le mal n'est pas, pour le moi, ce qui est nuisible ou dangereux, mais au contraire, quelque chose qui par lui est souhaité, et qui lui procure du contentement ». Il repère donc qu'un autre élément entre en jeu : « Ici se manifeste une "influence étrangère", dit-il, et c'est elle qui détermine ce qui doit s'appeler bien et mal. [...] Il faut que le moi ait un motif, pour se soumettre à cette influence étrangère ; et ce motif est facile à découvrir dans sa détresse et sa dépendance par

11. S. Freud, *Malaise dans la culture*, *op. cit.*, p. 66.

rapport aux autres, et on ne saurait mieux le désigner que comme angoisse devant la perte d'amour. S'il perd l'amour de l'autre dont il est dépendant, il vient aussi à manquer de la protection contre toutes sortes de dangers, s'exposant avant tout au danger de voir cet autre surpuissant lui démontrer sa supériorité sous forme de punition. Le mal, dit Freud, est donc au début ce pour quoi on est menacé de perte d'amour : c'est par angoisse devant cette perte qu'il faut éviter le mal [...]. » Et « un grand changement n'intervient que lorsque l'autorité est intériorisée par l'érection d'un sur-moi. [...] Au fond c'est seulement maintenant que l'on devrait parler de conscience morale et de sentiment de culpabilité[12] », lorsque cette autorité est intériorisée.

Ainsi Freud conclut : « À l'origine, le renoncement pulsionnel est en effet la conséquence de l'angoisse devant l'autorité externe. » La conscience morale (ou plus exactement l'angoisse qui devient plus tard conscience morale) est cause du renoncement pulsionnel. C'est ainsi que plus tard le phénomène s'inverse : « Tout renoncement pulsionnel devient une source dynamique de la conscience morale, et tout nouveau renoncement en accroît la sévérité et l'intolérance[13]. »

Voilà comment Freud, à travers l'angoisse, parvient à comprendre « la part de l'amour dans l'apparition de la conscience morale, et l'inévitabilité fatale du sentiment de culpabilité[14] ». Est ici confirmé ce qu'il avait déjà pressenti en 1895 dans son *Esquisse d'une psychologie scientifique* : « La détresse initiale de l'être humain est la source originaire de tous les motifs moraux[15]. » Autrement dit, le vécu du désarroi premier, la peur de perdre l'autre et de manquer d'amour, est à l'origine de la conscience morale, la faculté d'inhiber à l'égard d'autrui sa propre pulsion d'agression.

Moment charnière donc que cette détresse initiale, cette *Hilflosigkeit*. Elle ne mène pas qu'à la haine. Elle est le foyer d'une identification à une autorité porteuse d'amour, le tremplin pour un au-delà du chagrin. Elle est l'opportunité pour l'élévation d'une conscience !

Observons comment s'est instaurée selon Freud cette voie intérieure qui porte la conscience morale.

12. *Ibid.*, p. 67 et 68.
13. *Ibid.*, p. 70 et 72.
14. *Ibid.*, p. 76.
15. « Die anfängliche Hilflosigkeit des Menschen ist die Urquelle aller moralischen Motive » (S. Freud, *La naissance de la psychanalyse*, Paris, PUF, 1956, p. 336).

Freud a observé deux sources au surmoi. L'une, la plus connue, de nature œdipienne, fait qu'au temps de sa constitution, quand le moi parvient à quitter sa suffisance (c'est-à-dire la « domination sans bornes » du principe de plaisir) et qu'il apprivoise sa hantise de l'étranger, il sort de sa psychose originaire. Pour cela, comme on vient de le voir, il lui a fallu rencontrer une limite qui a fracturé la relation incestueuse de la mère et de son enfant, et rompu son lien aveugle à la jouissance primordiale. C'est dans cette configuration œdipienne que Freud établit sa première conception du surmoi : sous la menace de la punition supposée du père, l'angoisse de castration, le moi de l'enfant se détourne de l'objet incestueux. L'autorité paternelle est alors introjectée et forme le noyau du surmoi, « lequel emprunte au père sa sévérité », dit Freud, et perpétue sa censure. C'est ainsi que cette limite, en tant qu'interdit, par le père, confronte le sujet à une loi et établit la catégorie de l'impossible.

Mais, dans *Malaise dans la culture*, Freud nous fait part d'une autre source du surmoi, liée à l'expérience de l'*Hilflosigkeit*, la détresse initiale. Cette fois le surmoi n'est plus lié à l'introjection de l'autorité paternelle, ni à l'angoisse de castration, mais à la culpabilité que le sujet éprouve devant la perte d'amour. Coupable d'avoir perdu l'amour, coupable de n'être pas aimé, et cette culpabilité, Freud la repère pour la première fois comme « une variabilité topique de l'angoisse[16] ».

Ces deux conceptions du surmoi, l'une de source œdipienne, l'autre de source plus archaïque, ne s'excluent pas l'une l'autre. Ce sont au contraire deux mouvements complémentaires, car le sujet, pendant la crise œdipienne, ne fait que réouvrir la blessure du deuil originel, côté mère, et cette détresse initiale qui est revécue une deuxième fois, du côté père, se « qualifie » en angoisse de castration (castration de cet autre dont il a été coupé une première fois).

De ce fait, du point de vue de la psychopathologie, la névrose obsessionnelle, et toutes ses contraintes, est « l'horizon du surmoi première manière » (à travers le complexe d'Œdipe et l'autorité du père intériorisée), tandis que « la mélancolie (mais aussi l'hystérie et son noyau de passivité pulsionnelle) se profile en toile de fond du second[17] », du côté de la détresse initiale.

16. S. Freud, *Malaise dans la culture*, *op. cit.*, p. 78.

17. J. André, art. cité, p. XVIII.

Saluons cette faculté prodigieuse qu'a eue Freud d'éclairer toutes ces données fondamentales de la clinique.

Pour résumer, le surmoi devient donc, par l'angoisse de perdre l'amour (paternel ou maternel) le siège de la conscience morale, le frein à la sauvagerie. C'est donc cette angoisse — c'est-à-dire la peur de perdre l'autre — en même temps que « l'élévation du sentiment de culpabilité[18] » qui sont repérés par Freud comme étant les moteurs de la conscience. C'est cette *élévation* qui s'avère à ses yeux le garant du progrès de la civilisation.

Nous voyons donc à travers le lien d'amour, et avec le respect de l'autorité et la loi morale qui lui sont corollaires, qu'une identification est au travail.

Essayons maintenant d'entrer plus en profondeur et de comprendre avec Freud ce phénomène de l'identification, qui va permettre le passage possible à la sublimation, le franchissement que j'estime être celui du spirituel.

Du deuil à l'identification, puis à la sublimation

Dans son chapitre intitulé « Le moi et le ça » (1923), des *Essais de psychanalyse*, Freud écrit : « Aux primes origines, dans la phase orale primitive, investissement d'objet et identification ne sont sans doute pas à différencier l'un de l'autre[19]. » « Investissement d'objet » est une expression qui appartient au langage psychanalytique, mais aujourd'hui « investir quelqu'un », c'est s'attacher à lui, mettre en lui tous nos espoirs ; pour le nourrisson « dans la phase orale primitive », c'est-à-dire quand son lien de nourriture est la principale source de satisfaction, investir celui qui le nourrit et s'identifier à lui vont ensemble, dit Freud. Et en effet, il n'est pas rare, encore à l'âge adulte, de voir ce phénomène opérer. C'est par exemple le cas lorsqu'un élève investit son professeur et s'identifie à lui en cherchant à lui ressembler.

Puis, dans un deuxième temps, Freud observe un glissement psychique très important qui participe également au processus de la formation du moi. Il repère que lors de la perte de l'objet, ou lors du

18. S. Freud, *Malaise dans la culture*, *op. cit.*, p. 77

19. S. Freud, *Essais de psychanalyse*, Paris, Payot, « Petite bibliothèque », 1989, p. 241.

renoncement à celui-ci, le moi *retire* son investissement *de l'objet* et le reporte sur lui-même. C'est ce qu'il appellera le « narcissisme secondaire ». Il constate alors le phénomène suivant : « Un objet perdu est ré-érigé dans le moi, donc [...] un investissement d'objet est relayé par une identification. [...] Un tel remplacement a une grande part dans la mise en forme du moi et contribue essentiellement à instaurer ce que l'on appelle son caractère[20]. »

Voici comment Freud aperçoit *le passage d'un autre à l'intérieur du sujet.* Un autre nourricier modèle l'enfant puis l'inspire à la fois, et dans la plus intime discrétion, le marque à tout jamais de son empreinte silencieuse. Ainsi une transmission a lieu, un mimétisme s'inscrit qui témoigne de l'aptitude qu'a l'être humain de recevoir (pulsionnellement et émotionnellement) une personne qui l'a nourri, pour lui emprunter, au moment de s'en émanciper ou de s'en séparer, certains traits d'identité. Le sujet, pour ne pas perdre tout à fait cet autre, s'en nourrit autrement, intérieurement. Il y a là une mutation qualitative : imprégné de la présence devenue immanente de cette personne, le sujet tente de *la* devenir *en partie.* L'identification devient donc le moyen d'internaliser sa part perdue, de la faire vivre à travers lui, pour lui permettre d'assumer son manque et sa solitude. Ce retournement sur soi de l'investissement d'objet, Freud l'appelle libido narcissique, c'est-à-dire qu'il appelle « narcissique » ce qui est déjà chez le sujet la présence incorporée d'un autre à laquelle il se *confond.* En d'autres termes, ce qu'on appelle, dans la constitution du moi, « narcissisme » secondaire est, contrairement à ce que l'on pense, l'avènement d'une forme déjà conjuguée, c'est-à-dire la *confusion* inconsciente et invisible avec un autre (et c'est ce qu'une analyse permet de découvrir).

Au début de sa constitution, le moi veut du même. Il refuse l'étranger. Or avec ce phénomène de l'identification, le moi s'avère structurellement *métissé* d'un autre, car l'identification apparaît ici comme la spiritualisation la plus indicible d'un être à un autre. Sa trace s'imprime au plus profond de la mémoire, et lui donne forme et caractère. La *formation* du moi procède donc d'un transfert très subtil, d'une perméabilité *essentielle* entre un autre et soi-même. Quelque chose de l'ordre d'une voracité se *subtilise.* Et en ce point d'incroyable alchimie, ce métissage assourdi, dont le moi est constitué, témoigne de l'altérité intrinsèque à sa structure. Le phénomène de l'identification

20. *Ibid.*, p. 240.

est le signe même de son hétérogénéité structurelle, le signe de la mixité inhérente à sa constitution, et en même temps l'amenuisement le plus fin de son processus. Le sujet a respiré une *présence*, puis l'a distillée en lui pour n'en dégager que l'esprit, et de cette alchimie secrète qui fait de l'identification la survie infime et fondamentale de l'objet perdu, là où il se croit seul, le sujet est au moins deux. Ce que Freud appelle « libido narcissique » procède ainsi d'une *introjection* du premier objet, qui assure au sujet (dans le meilleur des cas) son assise autant que sa quiétude, puis, *in fine*, c'est cette identification qui permet de libérer le désir vers de nouveaux investissements d'objet.

La psychopathologie nous enseigne que ce processus, en fonction de l'histoire des sujets, subit bien des dommages quand le premier objet nourricier en place de « mère » faillit à sa tâche, mais d'un point de vue théorique nous voici à un moment clef ou plus exactement à un carrefour, car pour Freud ce qui se passe ici n'est pas sans incidence du point de vue des investissements pulsionnels. Et plus encore, cela détermine l'accès à la sublimation. « La transposition de libido d'objet en libido narcissique [...] entraîne manifestement un abandon des buts sexuels, une désexualisation, donc, une espèce de sublimation. » Le mot est lâché, et voilà qu'il se demande : « Cela n'est-il pas la voie générale vers la sublimation, toute sublimation ne se produit-elle pas par l'intermédiaire du moi, lequel transforme la libido d'objet sexuelle en libido narcissique (c'est-à-dire retournée vers le moi) pour lui poser ensuite un nouveau but[21] ? » Question primordiale !

Si nous résumons la logique que déroule Freud ici, nous avons, tout d'abord, la satisfaction de l'investissement sexuel du sujet avec son autre maternel, c'est le temps de l'osmose ; puis, perte, le moment fatidique ; ensuite, le retournement de l'investissement d'objet sur le moi propre par la voie de l'identification : c'est le « narcissisme secondaire » ; finalement, l'abandon du but sexuel, la désexualisation, et le mouvement vers la sublimation. C'est dire que, tout en s'intériorisant, *quelque chose* de l'autre, et du rapport à l'autre, se sublime et se subtilise qui libère le sujet de son attachement, vers d'autres que lui.

Cette logique est des plus intéressantes car elle décrit ce qui se passe dans le deuil lorsque les traits de la personne disparue (l'objet libidinal perdu) sont intériorisés. Et bien que Freud ne fasse pas du deuil le paradigme de la sublimation, il en applique le modèle au

21. *Ibid.*, p. 242.

phénomène de la religion et à la « sensibilité morale », et c'est bien ce qui intéresse notre propos.

Dans le deuil, une fois que les traits de la personne disparue ont été, par identification, intériorisés, « le désir *lui aussi*, dit Antoine Vergote, est transformé par l'*empreinte* de l'objet perdu, et il s'oriente d'emblée et nouvellement vers l'investissement d'objet[22] ». De ce fait, si nous revenons en arrière, dans la nuit du deuil initial, c'est le père (ou celui qui fait fonction de père) qui prend le relais du premier objet perdu en place de mère. De l'attachement au père découlera, selon Freud, la constitution de l'idéal du moi, comme « héritier du complexe d'Œdipe[23] ». C'est ainsi que Freud considérera la religion et l'éthique comme des dérivées de l'idéal du moi, comme des « formations de substitut, de la désirance pour le père » — la religion et la morale prolongeant à l'intérieur du sujet sa présence et sa voix.

Ainsi voit-on se succéder, à partir de la perte initiale de l'objet premier, une cascade de relais, jusqu'à la formation substitutive de l'éthique ou de la religion, en place de Nom du Père. L'être humain démontre par là son inépuisable aptitude à investir, à renouveler son désir, à se construire incessamment à partir de l'autre pour faire vivre sa mémoire, sa loi et sa trace.

Mais sont arrêtés dans cette course les mélancoliques qui, figés dans la nostalgie, sont restés rivés sur le bord du vide ou lâchés dans la position dépressive relative à la chute de l'objet perdu. De cette chute, certains ne s'en remettent pas, tant elle a fait trauma (« l'ombre de l'objet tomba sur le moi[24] », dit Freud) et ils ne trouvent pas le rebond ascensionnel nécessaire pour hisser l'objet *a*, cause du désir, à d'autres horizons. Ils ne parviennent pas à sublimer le désespoir, et à trouver le ressort d'un nouvel investissement d'objet, c'est-à-dire à *élever* ce nouvel investissement « à la dignité de la Chose[25] », disait Lacan.

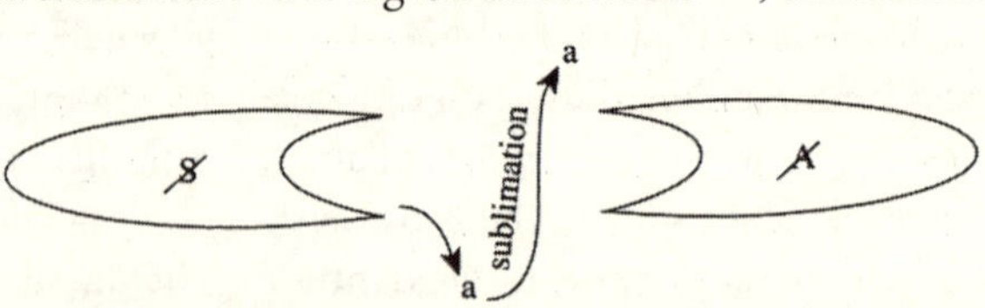

22. A. Vergote, *La psychanalyse à l'épreuve de la sublimation*, Paris, Cerf, 1997, p. 44.

23. S. Freud, *Essais de psychanalyse*, *op. cit.*, p. 249.

24. S. Freud, *Métapsychologie*, Paris, Gallimard, « Idées », 1968, p. 158.

25. J. Lacan, *L'éthique de la psychanalyse*, Paris, Seuil, 1986, p. 133.

Qu'entendait-il par « la Chose » ? De quelle énigme s'agit-il qui guide ainsi la psychanalyse dans les replis les plus improbables de l'inconscient ? Avec ferveur Lacan s'explique à ce sujet : « Tout le monde sait que le corrélatif en est ce désir de l'inceste qui est la grande trouvaille de Freud. [...] Il est important, disait-il, qu'il y ait eu un homme qui, à un moment donné de l'histoire, se soit levé pour dire — C'est là le désir essentiel. C'est cela qu'il s'agit de tenir fermement dans notre main. Freud désigne dans l'interdiction de l'inceste le *principe* de la loi primordiale dont tous les autres développements culturels ne sont que les conséquences et les rameaux — et en même temps il *identifie l'inceste* au désir le plus fondamental[26]. » À travers « la Chose » sans doute avons-nous affaire, dit Lacan, au « caractère essentiel de la chose maternelle, de la mère en tant qu'elle occupe la place de cette chose, *das Ding*. »

Mais si le désir pour la mère était satisfait, il serait « la fin, le terme, l'abolition, de tout le monde de la demande. [...] C'est dans la mesure même où la fonction du principe de plaisir est de faire que l'homme cherche toujours ce qu'il doit retrouver, mais ce qu'il ne saurait atteindre, c'est là que gît l'essentiel, ce ressort, ce rapport qui s'appelle la loi de l'interdiction de l'inceste. » Dans l'expérience analytique, cet interdit disjoint le sujet de son autre osmotique, et fait dire à Lacan que « c'est cet objet, *das Ding*, en tant qu'Autre absolu du sujet, qu'il s'agit de retrouver. On le retrouve tout au plus comme regret. Ce n'est pas lui que l'on retrouve, mais ses coordonnées de plaisir. [...] Ce *das Ding*, cet Autre préhistorique impossible à oublier [se présente] sous la forme de quelque chose qui est étranger à moi tout en étant au cœur de ce moi[27]. »

Ainsi, au centre de soi-même, mais posé comme extérieur, exclu, voici ce qui rôde dans une analyse, ce qu'on y flaire, le souffle que l'on pressent, et qui toujours se dérobe : la présence de l'objet perdu. Dans l'entre-deux de ce vide qui sépare le sujet de son Autre, au-dessus de l'abîme que la parole recouvre, flotte une présence, invisible, subtile autant que virtuelle, une présence... d'absence. Et parce que cette présence échappe, et que le vide la soutient, « cette Chose, dont toutes les formes créées par l'homme sont du registre de la sublimation, sera toujours représentée par un vide, dit Lacan, précisément en ceci

26. *Ibid.*, p. 82.
27. *Ibid.*, p. 83, 65 et 87.

qu'elle ne peut pas être représentée par autre chose. [...] Dans toute forme de sublimation le vide sera déterminatif. [...] Tout art se caractérise par un certain mode d'organisation autour de ce vide» et «la religion consiste dans tous les modes à éviter ce vide[28]».

Voilà ce à quoi nous mène cette «méditation sur une fracture»: à une absence *en présence*, à une présence *en puissance* d'absence. C'est peut-être ce sentiment que certains qualifient de mystique, le flottement subtil d'une transcendance qui n'a de connivence qu'avec son immanence, la trace, la perception infime d'une perte absolue, ou l'«élévation» d'une Conscience «à la dignité de la Chose»... Que cette sensation soit un leurre, le membre fantôme d'une présence perdue, ou les prémices visionnaires d'une intuition plus profonde, celui qui gagne un peu de cet espace n'habite plus tout à fait la terre de la même manière. La vivacité de cette absence, la conscience de l'impermanence et de la mort qu'elle génère, font de lui un être souvent aguerri des vanités humaines.

Alors, comme le dit Georges Emmanuel Clancier, nous essayons de «tirer du vide infini qu'on sait porter en soi un poème susceptible de contrebalancer la plénitude infinie dont on se sent exclu» et si le sujet, comme le poète mallarméen, n'a rien à dire, «il a l'impérieux besoin de dire ce rien[29]...» C'est là, dans ce «rien», dans ce vide, qu'une place est faite pour de l'autre et de l'autrement.

Passés les foudres de la haine et les soubresauts de la pulsion, s'aventurer à renoncer au plein bonheur pour d'augustes causes, telle est la thèse de Freud dans *Malaise dans la culture*. Une place est faite, à travers le père, pour des idéaux, l'engagement politique, la création, ou le simple usage de la courtoisie, la civilité ordinaire. «En présence du *das Ding*, pour autant que nous espérons qu'il fasse le poids du bon côté, opposé à cela, nous avons la formule kantienne du devoir, dit Lacan. C'est une autre façon de faire le poids. Kant fait intervenir la règle de conduite universellement applicable, autrement dit — le poids de la raison. Bien entendu encore faut-il le montrer, comment la raison peut faire le poids[30].»

En ce qui concerne les disciplines spirituelles, faire entendre raison à la pulsion passe par des règles de morale. Pour la tradition du yoga,

28. *Ibid.*, p. 155.
29. G. E. Clancier, *De Rimbaud au surréalisme*, Paris, Seghers, 1982.
30. J. Lacan, *op. cit.*, p. 129.

les règles de conduites relationnelles qui font de la place à de l'autre sont les *yama*, ces réfrènements des plus bas instincts, qui inclinent envers autrui, au respect (*ahimsâ*), à la vérité (*satya*), à l'honnêteté (*asteya*), au désintéressement (*aparigraha*), et à la tempérance (*brahmacharya*). À ce titre, le processus de la sublimation témoigne d'une humanisation arrachée aux premières extases, portée par un effort qui transcende la jouissance primordiale pour l'ouvrir à une altérité.

Ce qui est ici appelé « spirituel » ne se prête donc pas aux lois ordinaires de la croyance, comme on l'entend souvent. Il est ici l'appel ou l'effraction d'une *altérité* en soi, et en dehors de soi. Et dans son ouverture, qui amène à rencontrer de l'autre à soi-même, le moi se constitue peu à peu *pour* l'autre ou *vers* l'autre. C'est dans ce « *pour* l'autre » que s'inscrit de l'*autrement*. Lorsque le sujet parvient à accepter la coupure et sa loi, il amorce une rotation. Alors au prix d'une autonomie obligée, quand la catégorie de l'impossible est rétablie[31], le narcissisme du sujet s'altère et se met au service de cette altérité indéfinie qui œuvre en lui. Là, dans cette altération de Narcisse, qui est, il faut bien le dire, pure blessure, effacement ou perte, le moi peut s'offrir à d'autres perspectives. Il peut réparer dans l'altérité ce qui l'avait *altéré*. Il restaure son être sur un dommage ancestral, et en *utilisant* le manque, il le convertit en espace: espace de pensée, d'écriture, espace intérieur, espace du silence, de l'écoute, de la prière, espace de soin, espace pictural, cinématographique, espace politique...

De cette mutation du manque en espace, le spirituel est ici considéré en termes topiques. À mettre l'*esprit* en affinité avec l'intervalle, l'étendue, le ciel, il donne le recul, l'humour, l'élégance. Il est l'espace qui, loin d'emprisonner autrui, garantit sa liberté, cet autre qu'on ne harcèle plus pour de funestes fusions. Loin de toute tentative intrusive, cette aération distancie et tient en respect. Cet *autrement* indique un saut qualitatif, une altérité résolument distincte d'un moi épris de lui-même, ou cherchant en l'autre à phagocyter son être pour trouver sa propre identité. Dans cet esprit, le discernement, le respect, l'égard, laissent au large de l'ego apparaître leurs îles où souffle un vent nouveau.

31. Le psychanalyste J. P. Lebrun souligne qu'il faut simultanément « rétablir la catégorie de l'impossible » et « restaurer la faculté de juger » (*Un monde sans limite*, Ramonville, Erès, 1997).

Psychose et quête spirituelle

Mais comme on le sait, ce n'est pas toujours si facile. Et les professeurs de yoga en font quelquefois l'expérience, pris dans les projections ou les séductions les plus passionnelles de leurs élèves. Il est quelquefois des tempêtes nécessaires pour remettre à leur place ceux qui s'avancent aveuglément à vous confondre avec eux-mêmes, sans souci de la limite ni conscience de votre différence. Comme au temps des premières confusions, leur moi se sustente, se rassasie, fait de vous sa proie, puis refuse la démarcation qui fait coupure.

Éprises d'infini, ou de l'« illimité » dont parle Freud, ces personnes ne font pas de leur enseignant un « autre à elles-mêmes », mais au contraire un complément d'elles-mêmes, pour se trouver avec lui restaurées dans leur entité complète. De cette stratégie, parfaitement rompue aux plus subtiles manipulations, subsiste le déni de l'écart, c'est-à-dire le déni de l'autre en tant qu'autre. Malgré une apparente fragilité, ces personnes se révèlent avoir un moi obstiné, suffisant et *confus*, aveuglé par une quête d'absolu. Et cet absolu n'est pas de l'ordre de *kaivalya*, dont parle Patañjali — l'esseulement libérateur qui procède d'une autonomie séparatrice et profonde —, c'est au contraire un absolu qui en passe par une *absorption* insatiable de l'autre, une absorption dont l'ambivalence, aux bordures de haine, ne manque pas de se manifester au moindre *écart* du professeur. Pour ces personnes, nulle loi pour faire limite à l'expansion d'un moi qui trouve là sa jouissance et son aveuglement.

Voilà pourquoi certaines personnes ont recours aux pratiques spirituelles, et peut-être plus encore à celle du yoga, qui contribuent au sentiment d'unité. Et nombreux sont les enseignants qui se laissent ainsi consommer à loisir. Au fil des années l'élève emprunte à son professeur son style, ses expressions, puis, devenu professeur à son tour, multiplie les mimétismes, reconduit à l'identique ou presque la salle de yoga qu'il a connue auprès de son enseignant : mêmes senteurs, même atmosphère, mêmes couleurs. Son *intérieur* est devenu celui de son professeur. Puis, certaines fois, et c'est là que l'on peut s'étonner, ce lien l'ayant restauré, l'élève, non sans agressivité, ne tarde pas à se mettre sur le même plan que celui ou celle qui lui a enseigné, dans une sorte de *familiarité* et de tutoiement qui n'est pas sans témoigner d'une confusion. Le professeur se trouve ainsi avalé, ingéré, voué non seulement à faire *partie de*, mais à disparaître en tant qu'autre, sans aucune trace de l'écart qui les sépare.

Dans ce cas de figure, le désir du sujet consiste à fusionner avec son objet nourricier pour mieux l'ingérer, l'utiliser, s'envoûter à ses côtés, percer le secret de son énigme et de sa jouissance, puis, tenter, *in fine*, de le faire disparaître en tant qu'autre. Le terme de ce processus, semblable à celui d'une digestion, est une excrétion pure et simple.

Après avoir été envié, convoité, absorbé, il arrive même que l'autre intériorisé (en place d'objet nourricier que le professeur vient représenter) succombe à l'agressivité pure et simple d'un moi (celui de l'élève) qui, désirant exister par lui-même, ne supporte plus pour finir aucune altérité. L'altérité devient alors rivalité persécutrice, et fait de la *relation* un impossible dont la violence est sous-tendue par un désir de meurtre. Une mise à mort est engagée. On pourrait dire que le sujet fait subir à celui qui l'a « nourri » une sortie bien ingrate. L'objet est, dit-on, « fécalisé[32] ». Autant dire que toute intervention sur l'agressivité de cette personne est transformée par elle en « nouvelle blessure narcissique ». Ce que l'on appelle ici du point de vue psychique, dans le langage psychanalytique, du « cannibalisme figure, dit Pierre Fédida, toute tentative de *com*prendre l'autre par identification projective ou introjective dès lors qu'il se révèle étranger et *différent* de soi [...]. Il est le mythe d'une mise à mort pour que soit méconnue une différence[33] ».

Il faut donc bien différencier ce phénomène psychotique qui trouve là, dans les pratiques spirituelles, matière à renouer avec des mécanismes les plus archaïques d'ingestion de l'autre, de fusion, de confusion (faisant de cet autre un moi auxiliaire, d'étayage et de tutelle identificatoire), et le processus de différenciation et d'autonomie radicale qui produit une altérité sans ambivalence et donne au spirituel toute sa portée éthique et sublimatoire.

La conviction de Freud est que la sublimation doit se comprendre comme une « solution », et c'est parce que le yoga s'avère à plus d'un titre une « solution » pour celui qui le choisit que la relation entre le professeur et son élève est investie des mêmes enjeux que la relation

32. N. Abraham et M. Torok. « Incorporer-introjecter. Deuil ou mélancolie », *Nouvelle Revue de psychanalyse*, nº 6 (« Destins du cannibalisme »), 1972, p. 117.

33. P. Fédida, « Le cannibale mélancolique », *Nouvelle Revue de psychanalyse*, nº 6 (« Destins du cannibalisme »), 1972.

narcissique entre l'enfant et sa mère. Elle devient le lieu du symptôme. Pour illustrer le processus funeste de la haine cannibalique, nous avons, à l'extrême, la psychose d'Hitler et l'histoire du nazisme, qui nous renvoient à cette horreur pure de ce que j'appelle ici l'« excrétion de l'autre » ou sa « fécalisation », cet autre qui fut exterminé dans les chambres à gaz. C'est à la fois vertigineux et terriblement récurrent depuis des siècles et des siècles, qu'il s'agisse des projections sur la scène publique des pathologies des hommes de pouvoir ou de la portée des relations passionnelles dans la relation inter-individuelle.

Voilà pourquoi la transmission de l'éthique du yoga dans son enseignement s'avère de toute première importance. « L'éthique, disait Freud, est en effet à concevoir comme une tentative thérapeutique, comme un effort pour atteindre par un commandement du surmoi ce qui jusqu'ici ne pouvait être atteint par tout autre travail culturel. Nous le savons déjà, il s'agit ici de se demander comment écarter le plus grand obstacle à la culture, le penchant constitutionnel des hommes à s'agresser mutuellement[34]. » Nous touchons là, via l'éthique, à la « dimension curative de la vocation spirituelle[35] ».

Car partout où il y a du don, il n'est pas sans conséquence. Chacun, à son insu, a la possibilité de se transformer, et de transformer favorablement ses proches, modestement, imperceptiblement, son enfant, son élève, son patient, son ami, son lecteur, son spectateur, quiconque s'est ouvert à vous, et vous a fait de la place en lui, quiconque à son insu composera désormais avec vous, métissé de la trace que vous aurez laissée en lui. Et ainsi, de mutation en mutation, imperceptiblement... Mais il est impossible de transformer celui dont la mauvaise foi, le rapport tordu à la vérité, le déni de la castration, et le goût de la domination, pervertissent les rapports humains dans une jouissance de la rivalité, et l'esprit de revanche.

Pourtant lorsque l'autre porte bien son nom, il est notre *prochain*, celui qui nous succède dans cette transmission, qui la poursuit à son tour, s'il le veut bien... Une chaîne se constitue dont nous ne sommes qu'un maillon. Et c'est là, dans cet espace laissé ouvert par la coupure initiale du sujet, que se forme le lien humain, comme un anneau ouvert en accueille un autre. Mais lorsque le moi est insécable et

34. S. Freud, *Malaise dans la culture*, *op. cit.*

35. M. T. Couchoud, « La spiritualité, un destin du narcissisme de pensée », *Topique*, nº 85, 2005, p. 210.

suffisant, plein de lui-même et refermé sur son narcissisme, il ne peut prendre de place dans cette chaîne de solidarité. Pour qu'un autre s'ouvre à vous, vous fasse une place en lui, et sache vous restituer la vôtre, il faut qu'il n'ait pas comblé cet espace déchiré de la perte, et qu'il ait laissé béant ce précipice qui fait maintenant sa profondeur… Ce faisant, il respecte votre être, partage avec vous votre vérité, suscite votre confiance, le signe indiscutable de l'amour.

Mais le peu d'importance accordé à autrui continue d'être le danger le plus éminent de l'humanité. Contrairement à ce que l'on croit, le totalitarisme, comme le disait Hannah Arendt, « ne tend pas à soumettre les hommes à des règles despotiques, mais à un système dans lequel les hommes sont superflus[36] »…

Le spirituel n'est plus ici seulement une affaire d'espace, mais de vigilance. Une façon de respecter autrui pour qu'il ne soit plus voué à l'insignifiance, quels que soient sa race, son âge ou sa condition sociale. Cette attention, à la fois modeste et infiniment exigeante, œuvre depuis la nuit des temps à la conscience et la reconnaissance de l'être humain. C'est précisément là, dans cet *absolument* autre, que je vois du spirituel. Et cet engagement, qui est un combat, s'origine dans une éthique de la différence.

36. H. Arendt, *Les origines du totalitarisme*, suivi de *Eichmann à Jérusalem*, Paris, Gallimard, 2002.

CHAPITRE 5
Un souffle pour la paix

> Ce qu'on pourrait appeler l'âme humaine, c'est le rapport au monde.
>
> ÉDOUARD GLISSANT

Parler d'une éthique de la différence et de la vigilance qu'elle implique incline à parler du yoga comme d'un *travail* qui se soucie du monde et de sa manière de l'habiter, un travail dont la perspective morale est censée donner à nos actes et à nos relations une certaine qualité d'*humanité*. Comment aborder ce thème de la rencontre avec l'autre sans revenir à Patañjali qui écrivit son traité des *Yoga-Sûtra* aux alentours du cinquième siècle avant notre ère, et qui mit la relation à autrui aux premières loges de son *ashtânga-yoga*, les huit éléments qui en composent la discipline ?

Bienveillance (*ahimsâ*), vérité (*satya*), honnêteté (*asteya*), mesure (*brahmacharya*), et désintéressement (*aparigraha*) ouvrent, avec les *yama*, la voie d'un art du respect d'autrui. Comment ignorer la place si particulière de ces préceptes moraux, qui, loin de faire du yoga une pratique autarcique, font de l'autre la première préoccupation de son travail ? Comment faire se côtoyer l'idée de la non-violence avec celle de la vérité sans mettre un couvercle sur nos justes colères et nos indignations les plus légitimes ? Éclairant comme un phare le processus de cette discipline, les cinq principes des *yama* (aphorisme II.30) font du yoga une recherche constante de l'altérité la plus juste. Certains dédaignent cette dimension croyant la réserver aux mystiques ou aux ascètes, en reléguant sa pertinence au rang des accessoires, mais force est de constater qu'elle figure au sommet de l'*ashtânga-yoga*. Rien n'est moins secondaire que cette exigence, si l'on en juge par la priorité qui lui est faite. Elle préside donc au processus du yoga qui s'avère de ce fait, et avant tout, une position morale, sa condition a priori. En d'autres termes, au dire de Patañjali, l'attention à autrui est de l'ordre d'un devoir, la nécessité préalable à l'état de yoga, son signe même.

Convenir de cela, c'est reconnaître à cette discipline un idéal de fraternité, non plus seulement l'unique vecteur de l'ascèse corporelle (*âsana-prânâyâma*), qui débouche sur l'assise mythique des béatitudes solitaires, mais la bienséance nécessaire à des relations courtoises. Nous sommes là dans le champ spirituel d'une *attitude* à l'égard du monde.

Cependant, comme le dit Shakespeare (dans *Antoine et Cléopâtre*), « les dieux nous ont donné des défauts pour nous faire hommes », et la violence est partout, insidieuse et perfide. Nous la générons, et nous la subissons dans les situations les plus quotidiennes et, à chaque fois, c'est au détriment du respect, du tact et de la délicatesse envers autrui. À ce titre, la non-nocivité, la première indication morale de cette discipline, incline à une certaine méditation envers notre prochain, quel qu'il soit, qu'il soit notre enfant, celui dont nous avons toute notre vie durant à prendre soin, qu'il soit notre voisin de palier, celui qui est ici, assis à côté de nous, celui qui attendra avec nous chez le médecin, qui voyagera près de nous dans le train ou qui s'accrochera au même poteau dans le bus. L'autre est notre voisin, notre prochain. Il est notre responsabilité, le signe même de notre aménité ou non.

Et pourtant cet autre est la plupart du temps oublié, annulé, livré à l'indifférence, l'objet d'une maltraitance ordinaire, et ce dans les situations les plus courantes de la vie quotidienne qui permettent ainsi de comprendre l'importance du travail de *ahimsâ*.

Quand l'autre n'existe pas

Première situation. La salle d'attente est bondée. Chacun est adossé à sa chaise métallique dans l'univers froid d'un laboratoire d'analyse. Les uns, stoïques, perdus dans leurs pensées, bras croisés, les autres le nez enfoui dans des magazines froissés, d'autres encore manifestent leur découragement quand ils voient que ce n'est pas leur tour. Tous attendent. Soudain, la musique d'un téléphone retentit et immédiatement, comme un seul homme, tout le monde se penche vers son sac pour voir si ce n'est pas son portable. Puis, chacun reprend sa position, sauf celui qui porte son appareil à l'oreille et d'une voix haute et heureuse fait participer tout le monde à sa conversation. Nous avons alors connaissance des détails les plus intimes de sa vie, et tandis que la plupart sont gênés de tant d'involontaire indiscrétion, celui qui parle semble ignorer qu'il peut déranger ceux qui l'entourent. À aucun moment il n'a l'idée de se lever et de s'éloigner pour nous épargner le timbre élevé de sa voix et les commentaires salaces qu'il fait à son interlocuteur. Les autres n'existent pas. Il est le seul dans une jouissance isolée, à donner à ses voisins l'idée qu'ils sont invisibles. Et personne ne réagit, chacun faisant comme si tout cela était naturel. Alors, au bout d'un moment, frappée par tant d'impolitesse, je lui dis: «Monsieur, vous vous croyez tout seul?» Sans me répondre tout d'abord il dit à son partenaire au bout du fil: «Attends un instant, y a une bouffonne qui me parle», et d'un geste de la tête, levant le menton effrontément, il me demande: «Ouais?... qu'est-ce t'as?» Cette fois tout le monde relève la tête, intéressé par l'événement, et me voici prise dans une altercation dont le tutoiement disgracieux ne laisse guère présager d'une suite agréable. Pourtant je réitère: «Vous n'avez pas l'impression que vous pourriez aller plus loin pour ne pas gêner les gens qui sont là?» Puis, étonnamment sans me répondre, il grommelle quelques mots incompréhensibles et s'en va traînant les pieds finir sa conversation dans le couloir d'à côté. Certains me sourient en acquiesçant de la tête, d'autres replongent dans leur indifférence.

Autre situation. Nous sommes dans le bus, une vieille dame s'approche en chancelant de la plage arrière pour tenter de s'y asseoir. Cinq personnes y sont installées sur les six sièges autorisés. La dame est frêle et timide, semble-t-il, puisqu'elle n'ose demander aux gens qui s'y prélassent de lui faire une petite place, pas plus qu'elle n'ose demander à la personne qui a posé ses sacs sur un siège vacant de les enlever pour qu'elle puisse s'asseoir. Comme je suis derrière elle, je lui dis: «Vous ne voulez pas vous asseoir madame?» Et tandis qu'elle ouvre sur moi de grands yeux bleus silencieux elle me fait un oui de la tête, en me montrant qu'elle ne le peut. Chacun, bien sûr, n'a pu qu'entendre ma question, mais personne ne bouge, pas même les deux messieurs qui la voient, instable, s'accrocher à ce qu'elle peut. Personne ne consent à se serrer un peu plus pour lui permettre de prendre place, et la vieille dame, n'usant pas de son grand âge, reste debout, secouée par les soubresauts du bus. Désolée de tant d'indifférence, je me penche vers la dame qui mobilise à elle toute seule deux sièges et lui demande si elle veut bien enlever ses sacs pour permettre à cette personne de s'asseoir. Sans me regarder, d'un geste brutal et mal aimable, elle attire à elle les trois sacs pour les poser sur ses cuisses, et immédiatement détourne son visage vers la vitre. La petite dame frêle, après un geste de la tête en ma direction, se risque alors vers l'estrade pour s'y installer, mais un coup de frein la précipite plus vite qu'elle n'aurait voulu vers cette place, et elle se retrouve à moitié à genoux vers le sol, déportée malgré elle aux pieds de sa voisine indélicate. Un monsieur la retient. Je me hâte de l'aider. La dame aux sacs ne fait aucun geste.

Autre situation encore. Installée en première classe dans le compartiment non-fumeurs d'un train, une odeur de cigarette me parvient tandis qu'un nuage de fumée passe au-dessus de ma tête. Je m'assure tout d'abord être bien dans un compartiment non-fumeurs, puis en me hissant de mon fauteuil je cherche à voir derrière d'où vient l'odeur de tabac. J'aperçois alors un jeune homme affalé qui, sans s'être déchaussé, a les deux pieds sur le siège en face de lui, et de l'autre côté de l'allée une jeune fille qui, visiblement gênée par l'odeur, ventile de sa main la fumée qu'elle reçoit, le visage tourné vers la fenêtre. J'hésite à intervenir… Pourquoi la jeune fille, directement concernée par ce désagrément, ne le fait-elle pas? Je me rassieds, puis soudain au loin, la voix d'un contrôleur retentit. Derrière moi un brouhaha diffus se fait entendre qui me laisse penser que le jeune homme est en train de déguerpir. Je me retourne. Sa place est vide.

Les situations comme celle-ci sont nombreuses. Dans chacune d'elles, l'autre n'existe pas: indélicatesse, irrespect, impolitesse, égoïsme, grossièreté. Cet état d'esprit est partagé par beaucoup. Que ce soit en voiture, quand les conducteurs ne mettent plus leur clignotant pour prévenir qu'ils vont tourner; que ce soit à l'hôtel quand, tard le soir ou tôt le matin, les personnes parlent fort dans les couloirs sans se soucier de ceux qui dorment dans les chambres à côté; que ce soit dans les transports en commun quand certains portent de gros sacs à dos en oubliant qu'en se retournant leur volume va heurter les personnes qui se trouvent derrière, et qui de fait les bousculent violemment. Dans toutes ces situations, l'autre est oublié, quantité négligeable, présence invisible.

La personne qui agit ainsi ne peut imaginer qu'un autre puisse pâtir de ses actes si, pour elle, celui-ci n'existe pas. On pourrait alors penser qu'il ne s'agit que de pure inattention, mais pour être parvenu ainsi à exclure autrui du champ de l'existence comme dans ces trois exemples, ne faut-il pas en avoir conçu un certain mépris, et avoir porté au rang des actes agressifs, la subtile indifférence avec lequel il est annulé ?

Faire que l'autre n'existe pas semble en fait une agression décidée, sinon, à peine le dommage serait-il accompli que la personne s'en excuserait. Mais en général, aucun pardon, aucune parole. Saturée d'elle-même, la personne ne répond pas. Pas plus l'homme au portable quand il consent à s'éloigner que la femme du bus quand elle retire ses sacs n'ont un signe de regret. L'impolitesse et la grossièreté font partie du meurtre de l'autre. Le silence en prolonge l'arrogance. L'autre n'est digne d'aucune considération. L'égocentrisme est roi.

Il en est tout autrement dans la perspective morale de Patañjali. La prévenance éthique de l'état de yoga, loin de faire de sa pratique un rapport autistique au monde, invite à l'égard. *Ahimsâ*, cette première notion civique, est le respect de la différence, le respect du confort d'autrui, le respect de son existence tout simplement, car autrui ex-iste à soi-même, faut-il encore le dire pour ne pas se croire seul au monde autorisé à jouir, tandis que les autres souffrent de notre égocentrisme infantile. Ainsi au regard des *Yoga-Sûtra*, la notion d'une règle de non-violence tente de contrarier les méfaits de l'égoïsme.

Ahimsâ c'est l'énoncé de la morale kantienne que nous pourrions généraliser ainsi : « Ne fais pas à autrui ce que tu n'aimerais pas qu'il te fasse. » Ce premier précepte, selon l'aphorisme II.29, inaugure donc tout l'état d'esprit de l'*ashtânga-yoga*. Le processus du yoga, loin de conduire à une jouissance solitaire, débouche, en son principe, sur une altérité vivante. La notion d'autrui préside à l'action du *yogin*, tout en étant la conséquence directe du travail qu'il fait sur lui-même. En ce sens, l'attitude qui le relie à son prochain témoigne de la qualité effective de son ascèse. Sommes-nous donc capables de mettre notre pratique sous l'égide des cinq lois morales du yoga pour vivre dans la paix avec notre prochain ? Sommes-nous capables de considérer autrui comme un égal, ou comme un frère, de nous identifier à lui, de lui vouloir du bien, et, comme pour nous-même, de lui éviter du mal ?

Rainer Maria Rilke, dans l'une de ses plus belles pages, relate une situation qui peut nous permettre d'entrevoir ce que serait cette identification à autrui, cette ouverture maximale du cœur, celle qui peut lier un être à un inconnu, avec une telle tendresse que l'un se fait le protecteur de l'autre. La scène se situe dans la rue. Rilke voit un malheureux tourmenté par des tics: «À partir de cet instant, dit-il, je fus lié à lui. Je vis qu'un sautillement vagabondait dans son corps, cherchant à faire irruption à un endroit ou à un autre. Je compris la peur qu'il avait des gens et je commençai prudemment à examiner si les passants remarquaient quelque chose. Un froid piquant me parcourut le dos, quand ses jambes eurent soudain un petit spasme, mais personne ne l'avait remarqué et je formai le projet de trébucher moi aussi, au cas où quelqu'un l'apercevrait. Ce serait un moyen de faire croire aux curieux qu'il y avait là un petit obstacle insignifiant, sur lequel nous avions par hasard buté l'un et l'autre[1].» Attendrissante compassion, grandeur de Rilke! Il évite à ce malheureux le regard des passants avec une délicatesse qui est la compréhension de la plus secrète faiblesse, et sans l'ombre d'un écart, prenant en charge la peur et l'humiliation d'un inconnu, il le protège du ridicule. Il ne fait plus qu'un avec cet homme. Il ne craint pas pour son image, il la joue au contraire, pour sauver celle d'un autre. Il endosse et détourne ses tics pour ne pas les offrir en pâture aux moqueries malveillantes, et, se donnant en parade à la méchanceté, il s'oublie. Merveilleuse leçon, intime partage, absolue gratuité.

Comment ne pas éclairer les *yama* de cette générosité? L'altérité est ici l'expression d'une secrète union avec la plus infime douleur, immobile au cœur du temps, celle qu'a connue Rilke très certainement pour pouvoir s'y identifier. Il lui a fallu reconnaître en lui cette souffrance de l'infortune, celle qu'il a lui-même traversée, pour rejoindre celle d'un inconnu aux prises avec son impuissance. Miséricorde de l'exil où le «je» se reconnaît dans l'autre pour lui venir en aide. Solidarité des mauvais jours.

Ainsi commence l'*ashtânga-yoga*, avec cette infinie révérence. L'acte du yoga est au cœur de ce qui *relie* autant que de ce qui discerne. Et sans doute pouvons-nous dire que c'est parce qu'il discerne qu'il relie. Inutile d'y ajouter les prêchi-prêcha ou les oraisons habituelles pour y entendre l'humanité de ce travail. Partout où cette attention à autrui fait la grâce d'une *relation*, le yoga signe sa présence et sa loi.

---

1. R. M. Rilke, *Les carnets de Malte Laurids Brigge*, *Œuvres complètes*, vol. I, Paris, Gallimard, «Bibliothèque de la Pléiade», 1993.

Une éthique de l'altérité

Si nous constatons, dans le secret de nos méditations, que dans le quotidien de nos vies nous ne mettons pas notre pratique sous l'égide des cinq lois morales du yoga, si nous avons l'honnêteté de nous en apercevoir, nous observons que notre rapport à la fraternité est en cause. Et comment ce rapport pourrait ne pas dépendre de l'histoire que nous avons nous-mêmes entretenue avec notre propre fratrie, ou que notre fratrie a entretenue avec nous, ou que notre absence de fratrie a déterminée?

Considérer l'autre «comme un frère» demande à assainir la relation qui fut la nôtre à notre propre famille, la place que nous avons occupée, l'objet que nous avons cru être pour chacun de nos parents au regard des autres enfants, s'il y en a eu, et ce que nous avons éprouvé devant celui qui semblait le plus valorisé, si ce n'est le préféré. Une mémoire d'enfance colore ce rapport. Jalousie, sentiments d'infériorité, humiliations, amertumes, désirs de mort, sont tous prêts à resurgir et à se convertir en offensive devant n'importe quel autre qui fait revivre aveuglément le souvenir qui nous a fait souffrir. La psychanalyse nous l'apprend, dans l'inconscient se tapissent la violence et la guerre inhérente à la rivalité fratricide. Mais faut-il encore admettre la présence de l'inconscient pour faire ce pas de plus gagné sur l'ignorance.

Patañjali évoque dans l'un de ces *niyama* le travail sur soi nécessaire à l'élucidation, *svâdhyâya*, auquel de nos jours la psychanalyse apporte sa contribution. Ce travail vise à discerner puis à décoller de n'importe quel autre le vœu de mort qui lui est encore adressé comme à un parent, un frère ou une sœur d'antan. Et à mes yeux, sans cette dimension que représente *svâdhyâya*, c'est-à-dire sans cette possibilité d'être écouté par un autre et de s'y abandonner, sans ce travail de l'intelligence et de la pensée, sans l'analyse qui en découle, seule, la pratique du corps et du souffle demeure bien illusoire, car l'aveuglement, tenace et offensif, *avidyâ*, n'est pas pure innocence. Il défend des intérêts, sourds et obstinés, et ce, au cœur des circonstances les plus anodines.

Car l'être humain n'est pas un saint. Il faut le savoir et ne pas se leurrer. Il suffit de se tourner vers sa psychogenèse pour s'apercevoir qu'à peine né le voilà livré aux premières pulsions orales de dévoration propres à assurer sa survie, dont Freud dira qu'elles sont les prémisses de la cruauté. Puis le voilà amené à composer avec les pulsions anales qui, intrinsèques à l'acte de propreté, et de propriété (celle des fèces), tentent de maîtriser ou rejeter comme un déchet l'objet fécal de la haine. L'éducation tend à civiliser la pulsion, mais à l'origine l'agressivité est souveraine. Alors, nul espoir de faire le travail qu'indique Patañjali si l'on ne peut pas reconnaître l'animalité rageuse d'où s'origine notre histoire ni la sauvagerie dont se glorifie le Moi quelquefois encore aujourd'hui. Car l'autre est toujours susceptible de rester l'objet de tentation, de comparaison, de rivalité, de manipulation et de pouvoir, pour assouvir son besoin de supériorité sur lui. De ce fait, même après quarante années de pratique du yoga, beaucoup cèdent encore à ces mauvais penchants et il est plus facile de se voiler la face, en rendant l'autre responsable de ce qu'il génère en soi, que de se faire le sujet de sa propre haine.

Il nous faut pourtant être avertis de tous ces sentiments négatifs, de notre susceptibilité, de notre agressivité — il nous faut les reconnaître — pour en prendre acte et les interroger au sein de nos relations les plus apparemment amicales. La psychanalyse nous éclaire sur le travail de la pulsion de mort, sur ses projections et ses stratégies (c'est ce que j'ai essayé de développer dans *La sagesse du désir*[2]) mais si aucune remise en question n'en élucide les motifs, cette force destructrice continue d'engendrer sa violence aveugle.

Le yoga, s'il ne débouche donc pas sur une vraie lucidité à l'égard de ce qu'il y a de plus sombre en soi, si, au contraire, il continue de flatter le contentement de soi-même, une vie entière de pratique ne suffira pas à changer notre relation à autrui. Il convient donc de se donner le moyen de voir à quel point, comme Baudelaire le rappelait dans le poème «Au lecteur» qui ouvre les *Fleurs du mal*, «La sottise, l'erreur, le péché, la lésine / Occupent nos esprits et travaillent nos corps». Ainsi les *niyama*, «la discipline à l'égard de soi-même», constitue-t-elle pour Patañjali le moyen d'éradiquer la malfaisance. Rappelons les cinq orientations de ces *niyama* (aphorisme II.32) qui font d'une pratique de yoga 1) un nettoyage, une purification (*shaucha*), 2) un contentement (*samtosha*) qu'il ne faut pas confondre avec la flatterie de soi-même, 3) un effort intense (*tapas*), 4) une

2. C. Berthelet Lorelle, *La sagesse du désir. Le yoga et la psychanalyse*, Paris, Seuil, «Couleur psy», 2003.

connaissance de soi (*svâdhyâya*) et 5) la possibilité de s'abandonner à celui qui en sait plus que soi (*Îshvara pranidhâna*).

Les trois derniers de ces *niyama* font partie de ce que l'on appelle le *kriyâ yoga*, le yoga de l'action et de la purification. Et si la pratique du corps et du souffle (*âsana-prânâyâma*), comme l'indiquent les textes, mène à la réflexion puis à la méditation (*dhyâna-samâdhi*), et si cette méditation se donne comme objectif la perspective éthique de Patañjali, alors cette pratique devient «le» moyen par excellence d'entendre sa propre violence, pour la comprendre, la raisonner, la convertir, et la dépasser. Cette pratique devient alors une *élévation* audessus du marécage passionnel, un sacrifice auquel consentir pour voir en soi s'opérer le mouvement de la haine, et ne plus faire de l'autre l'objet d'un meurtre ordinaire. L'homme étant un loup pour l'homme, ce sacrifice est un renoncement à l'animal féroce qui dort en chacun.

Élire les préceptes moraux du yoga en tant qu'objet de désir, et en faire l'objet de sa méditation, c'est donc faire de la clairvoyance et de la générosité le but de son ascèse. C'est élever cette pratique au rang d'une humanisation. Ne dit-on pas de quelqu'un de poli, de prévenant et d'attentif qu'il est «bien élevé»? Cette élévation est la marque d'une distinction. Parmi ces *yama*, dont *ahimsâ*, la bienveillance, est la figure de proue de la philosophie du yoga, Patañjali étend le respect d'autrui à quatre autres façons de lui signifier notre considération: la vérité (*satya*) qu'on lui doit, le respect de ses biens (*asteya*), la tempérance (*brahmacharya*), le désintéressement (*aparigraha*). Regardons-les de près pour voir comment ces valeurs s'articulent entre elles, et éclairons-les de notre actualité politique et sociale.

Contre la violence faite à autrui, les *yama*

Si nous sommes capables de tenir compte d'autrui, de lui prêter attention, de «nous mettre à sa place», il est alors naturel d'être vrai avec lui, de lui dire la vérité nécessaire qui le concerne pour qu'il puisse s'y repérer. La deuxième loi morale du yoga, articulée au respect d'autrui est donc *satya*, l'authenticité, la véracité, l'absence de mensonge, contre la violence souterraine. Car la vérité tient lieu de support, d'appui, de repère. Elle est l'absolue tenue de l'être. Avec elle, l'autre sait à quoi s'en tenir. Et il peut s'y tenir. Nous avons vu comment le silence pouvait être signe de violence et d'indifférence.

Prenons l'exemple du savoir qui concerne l'identité d'un enfant adopté. Son sort, et quelquefois sa survie, en dépend. Il ne s'agit pas de le voler, de lui rapter une donnée qui lui appartient ou de nier sa personne en lui taisant ses origines. Il s'agit d'une vérité qui lui appartient et, par égard pour lui, qu'il faut lui restituer.

Cette valeur a bien entendu une très haute importance lorsqu'il s'agit du devoir et de la responsabilité des chefs d'État à dire la vérité aux citoyens du monde. Il leur revient d'informer l'humanité des dangers qui la menacent. Or une soixantaine de scientifiques américains de haut niveau, dont vingt prix Nobel, viennent d'accuser l'administration Bush d'avoir falsifié délibérément les analyses scientifiques au détriment de la santé de tous. Ces scientifiques avaient évalué, dans un rapport fait pour l'Agence pour la protection de l'environnement, l'impact potentiel, et déjà effectif, de l'effet de serre sur l'homme. Et qu'a fait la Maison Blanche? Elle a invité l'Agence à changer le texte, à détruire certaines données scientifiques, puis à laisser tomber la référence de l'Académie des sciences, pour remplacer finalement ce texte par celui d'un groupe issu des milieux pétroliers[3]...

Pourtant l'avenir de toute une planète est en jeu! Et selon le magazine *Fortune* du 26 janvier 2004, les experts du Pentagone qui évoquent eux aussi un scénario d'évolution brutale du climat, émettent l'hypothèse que le réchauffement global de la planète causerait une énorme fonte des glaces dans l'hémisphère Nord, bloquerait le Gulf Stream, qui est un «adoucisseur de climat», et plongerait l'Europe dans un phénomène de glaciation. Et cela dans vingt, vingt-cinq ou cent ans. Les équilibres climatiques et économiques de la planète seraient alors tellement chamboulés, disent-ils, que les experts prévoient un véritable chaos planétaire — ce qui pour eux montre l'urgence de considérer le réchauffement de la planète comme une priorité stratégique, autant que la lutte contre le terrorisme. Eh bien, selon le magazine britannique *The Observer*, ce rapport du Pentagone a lui aussi été «effacé» par les responsables de l'administration Bush...

Comment surmonter pareille indignation devant la gravité qui concerne l'avenir de la terre? Comment un homme d'État peut-il oser pareille tromperie? Au nom d'enjeux politiques et économiques à «courte vue», égoïstes, propres à des choix d'industrialisation et de

3. Propos de Kurt Gottfried recueillis par Pascal Riché, «La Maison Blanche a fait détruire certaines données», *Libération*, 23 février 2004, p. 11.

« croissance » qui sont aujourd'hui plus meurtriers que raisonnables, il préfère falsifier l'information, et priver chaque nation de la vérité effective qui menace le monde. Aimanté par le profit, l'avidité, la concurrence, c'est le pouvoir de l'argent contre les pollutions qui menacent. Tout est bon, même le mensonge, pour poursuivre les seuls intérêts d'une nation. Or il s'agirait aujourd'hui de décroître, et non plus de croître en puissance, de redistribuer autrement les richesses pour permettre à la moitié de la planète d'être moins pauvre et moins polluée. C'est le combat des altermondialistes. Trouver d'autres moyens d'échange en respectant l'écologie de la terre, pour ne pas précipiter sa fin. Mais gouvernée par l'aveuglement et le mensonge, la vie elle-même est menacée. La notion d'*avidyâ*, l'ignorance, la première grande cause de souffrance selon Patañjali, prend ici une tournure dramatique. Première fois dans l'histoire de l'humanité que l'Homme se détruit lui-même par l'extension de son bien-être matériel, tandis que la misère continue de toucher nos plus proches banlieues.

La troisième loi éthique du yoga est l'honnêteté, le non-vol, *asteya*. Et elle a, comme on le voit avec cet exemple, partie liée avec la vérité (*satya*), toutes deux conditions essentielles au respect d'autrui et de la vie (*ahimsâ*). Si, selon la morale de Kant, autrui est considéré comme une fin en soi, et non comme le moyen d'obtenir quelque chose, il n'est l'objet d'aucune manipulation ni utilisé à des fins intéressées. Seules importent sa considération et sa survie. Mais là encore la désillusion est grande. En témoignent le procès de ces trois femmes, Hafida[4], marocaine, Menja[5], malgache, et Henriette[6], togolaise, que des patrons parisiens, libraires, chefs d'entreprise, et éditeurs de renom, avaient fait venir de leur pays pour les faire travailler quinze heures par jour, sans relâche, sans papiers, et sans rémunération, les faisant dormir à même le sol sur une nasse, et leur faisant subir coups, insultes et humiliations quotidiennes. Ces femmes sont les victimes des formes modernes de l'esclavage. Impossible de s'enfuir, dépendantes, sans papiers, menacées, « La case de l'oncle Tom, version 2001 », titrait à cette époque *Libération*. Des voisins alertés par les

4. O. Millot, « L'esclave, la patronne et le RG », *Libération*, 22 mai 2001, p. 19.

5. O. Millot, « N'oublie pas que tu es une bonne », *Libération*, 26 avril 2001, p. 17.

6. F. M. Santucci, « Des esclavagistes bon chic bon genre », *Libération*, 20 mai 1999, p. 20.

signes de maltraitance avertirent le « Comité contre l'esclavage moderne », qui dit recevoir chaque mois une trentaine de signalements de ce type. La peine maximale exigible contre ces nouveaux esclavagistes est normalement de deux ans de prison et de quelque soixante-seize mille euros d'amende, mais elle n'est jamais appliquée. La cour d'appel de Paris a condamné la patronne d'Hafida à un an de prison avec sursis, son mari à huit mois avec sursis. Les employeurs d'Henriette ont obtenu un an de prison, avec trente mille cinq cents euros d'amende et privation des droits civiques.

Quel est donc ce démon qui pousse l'être humain à nuire ainsi aux droits de l'homme, à utiliser son prochain, l'inférioriser, le terroriser, ou lui taire les données qui feraient sa survie ? Sans doute Patañjali en savait-il quelque chose de la cruauté humaine et de l'avidité de l'homme (*râga*) pour inviter, dans sa cinquième loi morale, au sens de la gratuité, du désintéressement, et du détachement (*aparigraha*). Ces trois femmes n'auraient pas eu le même traitement si leurs exploiteurs avaient partagé ces valeurs.

Notre société, essentiellement gouvernée par le profit, est fondée sur le mensonge, et même les laboratoires pharmaceutiques soumis aux lois du marché ne fournissent pas la liste des produits cancérigènes, alors que le cancer, qui, plus les recherches progressent, plus il se propage, est un indice de développement des pays industrialisés. Ce qui signifie que dans cinquante ans la part de ses ravages aura doublé... Les exemples seraient encore nombreux. Mais restons-en là, pour ne pas agiter plus encore notre colère. Ainsi disait au seizième siècle Agrippa d'Aubigné dans *Les tragiques* (livre second, v. 1083-1088) : « On dit qu'il faut couler les exécrables choses / Dans le puits de l'oubli [...] / Et que par les écrits le mal ressuscité / Infectera les mœurs de la postérité : / Mais le vice n'a point pour mère la science, / Et la vertu n'est pas fille de l'ignorance. » C'est cela le yoga au quotidien, croire en la vertu (*yama*) gagnée sur l'ignorance (*avidyâ*), non pas fermer les yeux sur le monde, mais décider de les ouvrir, accepter de voir l'inhumain dans l'humain, et opter délibérément pour l'envers de sa brutalité. Le *yogin* témoigne dès lors de son engagement, non de son repli ou de son indifférence. Et sans jamais démissionner, il s'inscrit dans une logique de solidarité. Ces valeurs, toutes liées entre elles, ont des enjeux psychiques, éthiques, politiques. Et du cœur de l'Inde ancienne, elles sont de la plus actuelle modernité car la nature humaine n'a pas changé.

De ce fait *brahmacharya*, réserve, tempérance, sagesse, colore la quatrième proposition des *yama*. Soumise à la raison, au jugement et à l'équité, elle invite au discernement, à la droiture et l'équilibre. Réflexion et analyse en aiguisent la portée pour ne pas nuire à autrui. Telle est la devise du yoga dont la philosophie porte dans l'autre ses effets. « Veux-tu planer plus haut que la sombre nature ? / Veux-tu dans la lumière inconcevable et pure / Ouvrir tes yeux par l'ombre affreuse appesantis, / Le veux-tu ? Réponds… » Ainsi Victor Hugo nous pousse-t-il à savoir ce que nous voulons. Et notre travail est en effet de répondre à cette question, encore et toujours, aujourd'hui et demain. Voulons-nous nous élever « plus haut que la sombre nature », et ouvrir les yeux ?

Si le yoga apprend, dans ses exercices de concentration et de méditation, à dilater le présent pour être de plus en plus attentif à ce qui est, il devrait également permettre au pratiquant de consentir à voir le champ de bataille que sont les pulsions agressives de son moi, le besoin qu'il a de proclamer son importance, le « plus » dont il aime à porter la charge et la plainte pour mieux se faire reconnaître, aveugle à sa propre fatuité. Un « plus » phallique fait sa gloire et sa prestance. S'adonner à la pratique du yoga depuis plusieurs décennies n'est pas une garantie de modestie. Car les jouissances de l'égocentrisme, du désir de briller, de montrer sa puissance, ou de dire du mal d'autrui, sont souvent plus fortes que la discrétion à laquelle incline une éthique de l'altérité.

Alors, pourquoi cela ? Comment comprendre cette animosité et cette fierté de l'ego ? Je tenterais de répondre ceci : dès lors qu'autrui ex-iste à soi-même, son êtreté radicalement distincte nous destitue d'une unicité que nous aurions voulu à jamais toute-puissante. L'autre nous destitue de nous-même… Mettre le doigt sur ce qui nous distingue de lui attise haines et rivalités, convoitises et peurs. Ainsi se déclinent les ravages engendrés par le fait même que l'autre n'est pas ce que nous sommes. L'autre est l'exact endroit de notre être où nous nous dénarcissisons… Alors pourquoi s'embarrasser d'une ombre dans le reflet si parfait de Narcisse ? L'autre est ainsi annulé, amoindri, tué, pour éviter ses dommages, et l'ego reste seul à se croire le roi de son mirage.

Ainsi Patañjali, en mettant les *yama* au sommet de son *ashtânga-yoga*, a-t-il apposé à l'aveuglement, à l'égoïsme, à l'avidité, au refus et à la peur de perdre, qui sont, à ses yeux, les cinq causes de souffrance, une loi qui rompt avec l'illusion boulimique, rétive et timorée d'un moi narcissique qui exclut l'autre de son champ. On peut donc reconnaître à ce moi, refermé sur lui-même et avide de garder, par peur ou par orgueil, sa souveraineté, une malfaisance évidente. En témoignent les exemples dont je viens de parler, et les actes et les idées racistes qui mènent au pire. Dans le rejet de l'autre, dont le racisme est l'un des visages les plus inacceptables, l'aveuglement est tel que l'impensé fait loi. La violence est là, implacable, abrupte, anéantissante. Les génocides en sont la plus cruelle expression, le nazisme la sophistication du Mal le plus radical. Dès lors, le moi-moi-moi identitaire, gonflé, satisfait de lui-même et paranoïaque, triomphe dans toute son horreur et méconnaît toute autre façon de voir. *Asmitâ* s'exprime ici dans toute son hypertrophie. Il est impossible pour le raciste de considérer ce qu'avec l'autre il pourrait avoir en commun, ce qui les unit d'être à être, ou le nouveau qui pourrait advenir de leur rencontre. Non, ça ne circule plus — sombre victoire de la haine à la mesure de l'inculture.

À la lumière de toutes ces situations, je traduirais donc aujourd'hui la notion d'*avidyâ* — qui est habituellement traduite de façon neutre par « ignorance » ou « méconnaissance » — par un terme beaucoup plus vif et plus intransigeant, celui de « bêtise », pour y faire entendre la *bête* obscure et aveugle qui gît au fond de soi, qui guette sa proie et génère les monstruosités du moi. L'obscurantisme en est la marque. À la bêtise et l'aveuglement se lie sa méchanceté. À la paresse d'esprit qui la caractérise, l'inconscience funeste. L'inculture et la non-pensée sont les ferments de l'inhumain.

Devant ce sombre tableau il ne s'agit pas de tomber dans la mélancolie, mais au contraire de trouver le ressort de ce que Christian Bobin appelle « un amour guerrier, actif », un amour qui répond à la question qui se pose à lui chaque jour, dès le réveil : « Comment entrer dans ce premier matin du monde[7] ? » Si désir de bonté il y a (*ahimsâ*), et si, à la façon de Proust, nous aimons penser que « la bonté est le comble de l'intelligence », la finalité du yoga consiste à se libérer de toutes ces terribles passions.

Ce terme, *kaivalya*, qui évoque à la fin des *Yoga-Sûtra* cette ultime libération, et qui est souvent traduit par « esseulement », désigne par là même ce qu'il convient d'*isoler*, de cerner, pour que *viveka*, le

7. C. Bobin, *Mozart et la pluie*, Paris, Lettres vives, « Entre 4 yeux », 1997.

discernement, fasse son travail d'émancipation. Il ne saurait y avoir de libération sans chercher — comme le disait Malraux à propos des camps d'extermination — « la région cruciale de l'âme où le Mal absolu s'oppose à la fraternité[8] ». Il ne saurait y avoir de libération sans s'émanciper de la bêtise et de la cruauté qui trouvent leurs sombres effets dans un moi fat, égocentrique et inepte, et cela au plus quotidien de nos relations. La bienveillance et le détachement, qui sont pour la tradition indienne le signe de la sagesse, sont à ce prix. Et le *travail* qu'annonce Patañjali en passe inéluctablement par cette confrontation avec ces valeurs qui ouvrent la voie d'une autre relation à autrui. Car une règle ne sert pas seulement à être appliquée, elle consiste aussi à *mesurer*. À l'aune de ces cinq lois éthiques, celui qui a le désir de s'améliorer plutôt que de se défendre contre la vérité pour sauver la face (autre stratégie de l'orgueil et du déni), peut alors consentir à observer les méfaits qu'il a engendrés, à les mesurer, à réfléchir à leurs causes. Il peut de ce fait affronter sa propre *remise en cause*. Ainsi s'engage, dans un face à face exigeant, la lutte éthique du yoga contre les passions affligeantes de celui qui désire s'en libérer.

Cette lutte est une affaire de désir, oui — le désir de rendre intelligible une souffrance qui prend sa source dans le rapport à autrui. Le désir de s'en affranchir pour s'en trouver délesté. Mais ce désir ne s'enseigne pas. Seul le sujet en est responsable. Il est le constat d'une impasse, le ressort d'une défaite, la quête d'une issue dans le noir, l'effort d'une sagesse à venir.

Cette libération est coûteuse, car elle implique un retournement, une conversion, une déflation de l'orgueil et de l'égoïsme. Elle implique une perte. Non plus, comme Narcisse, se mirer au bord de l'eau dans le reflet de sa belle totalité pour s'y trouver beau — exact contentement de soi-même — mais au contraire, s'arracher à cette image et se tourner vers l'intérieur pour y entendre résonner autrui qui nous tend un autre miroir et nous met en question — autre mouvement, autre *réflexion*, qui invite à l'introspection, à l'examen de conscience qu'offrent les contingences relationnelles.

Cet « autre mouvement » est une conversion, une rotation de l'être, lentement engagée. Et la pratique d'*âsana-prânâyâma* dans la discipline du yoga, le prépare. C'est là que s'ensemencent d'autres

8. A. Malraux, « Le miroir des limbes », cité dans J. Semprun, *L'écriture ou la vie*, Paris, Gallimard, « Folio », 1994, p. 75.

habitudes, d'autres façons de voir, de sentir, de penser. C'est là que le sujet se rend disponible à d'autres attitudes quand il peut séjourner au plus près de son négatif. Mais tout le monde n'a pas accès à cette humilité, et l'estime de soi est facteur de refoulement, disait si justement Freud. Nombreux sont ceux qui n'envisagent le yoga que pour restaurer leur image, et la fierté de l'ego.

Or élire en tant qu'objet de désir ces cinq principes moraux des *yama*, c'est pouvoir constater en soi ce qui n'est pas brillant, ce qui est nocif et pervers, et lutter au sein de sa propre pratique contre ce que Patañjali a appelé les *klesha*, l'orgueil, l'avidité, le refus de voir et la peur de perdre, tout ce qui s'ignore et fait retour au cœur de nos relations. Car ce que l'on oublie souvent de dire, c'est que ces « causes de souffrance » dont nous sommes responsables, reliques de notre histoire et de notre névrose, ces passions de l'ignorance, sont aussi cause de souffrance pour autrui, pure violence en acte!

Alors, attentif à ce qui fait retour de l'inconscient, le *yogin* accepte de voir (*vidyâ*) et de se battre contre ses remontées d'ego, contre son désir de toute puissance et de glorification, qui sont toujours signes d'*avidyâ*, la bêtise fruste et intéressée, elle-même toujours liée à l'égoïsme et à l'aveuglement, c'est-à-dire à l'inconscient d'une violence primitive qui ne pense qu'à une chose, rivaliser avec autrui. Nous avons tous un tyran qui sommeille en nous, tapi au fond de soi, selon l'usage que nous faisons de notre toute-puissance.

Le *yogin* qui sait cela, lutte contre son avidité, *râga*, et les mensonges qu'elle lui suggère qui s'opposent à la vérité, à l'honnêteté et au désintéressement. Il se bat contre ses refus, *dvesha*, sa haine et son mépris, quand, pure projection du passé, ils soumettent autrui à un climat d'hostilité ou à d'obscures revanches. Il se bat contre sa peur, *abhinivesha*, quand elle devient lâcheté. Dans la langue de Patañjali, les *yama* tentent de faire limite aux ravages des *klesha*. Ce travail est donc un combat, mu par un désir éthique, une position à tenir (*âsana*).

« Mais la morale est une drogue amère pour laquelle l'homme a un dégoût naturel », disait au dix-huitième siècle le comte de Caulys; c'est, à proprement parler, une pilule qu'il n'avale qu'à contrecœur, à moins qu'elle ne soit enveloppée de quelque douceur qui, en flattant le palais, la fasse passer plus aisément ».

De la douceur, le yoga fait son miel. Il parvient même, dans l'expiration, à faire de la perte un plaisir. Mais pour être réceptifs aux causes de souffrance dont nous faisons pâtir autrui, il nous faut être éveillés à notre propre logique de l'agressivité. Or elle reste la plupart du temps sourde à elle-même, et se trouve toujours de bonnes excuses pour se justifier. Car si elle perdure — et la psychanalyse nous renseigne là-dessus — c'est qu'elle porte en elle une jouissance. C'est pourquoi la violence continue d'être *effective*, c'est-à-dire de porter ses *effets* dans l'autre et contre lui, quand celui-ci semble posséder quelque chose de plus que soi-même. Que ce soit au niveau des nations ou des individus. Elle est là, la source rivale de toute altérité, au sein des jalousies toujours infantiles réactualisées de façon aveuglée, dans un désir de concurrence, de prestige et de pouvoir.

Quelquefois même, certains qui pensent avoir fait une analyse ne parviennent pas à renoncer à ce mécanisme, si ce n'est en accédant à une notoriété qui satisfait la vanité. Mais encore... Nous reconnaîtrons parmi eux ceux qui ne peuvent se priver du plaisir, au cours d'une conversation, de se dire l'ami de telle ou telle célébrité pour gonfler leur importance. Car l'ego, en quête d'exaltation, se nourrit de mondanités, et comme gonflé à l'hydrogène, il vise les sommités. Les ravages du moi font la folie des hommes! Piètre narcissisme en mal d'existence.

Les préceptes moraux des *yama* signent donc la charte d'une utopie, très certainement, mais ils tracent la voie d'un idéal d'humanité, la *portée* d'une éthique, la sagesse d'un désir. Car faut-il encore porter en soi ce désir, intrépide et ardent pour lutter contre la sauvagerie, cesser de se donner en pâture à la violence d'autrui et ne pas céder sur l'inacceptable. Cette *portée* pourrait s'entendre au sens où Winnicott parle du *holding* dans la relation mère-enfant. Portons notre éthique comme un enfant dans nos bras, pour la faire grandir et lui permettre de porter elle-même ses fruits.

Elle pourrait également s'entendre au sens musical du terme: c'est sur cette *portée* que nous avons à faire nos gammes, et c'est une partition, je crois, qui vaut la peine d'être jouée. Car certains, au cœur de la laïcité la plus engagée, nous aident à comprendre ce qu'est un être spirituel, celui dont je dirais aujourd'hui que l'intelligence lucide, légère et drôle, nous permet à la fois de rire de nous, et de nous battre contre le pire. Cette spiritualité, dégagée du religieux, œuvre au jour le jour chez celui qui accepte de penser, de se remettre en cause, de faire de son voisin son égal, si ce n'est son supérieur, capable de tendresse et d'admiration. C'est cette humilité-là qui porte ses fruits. Politesse et gratitude en sont les signes, ce au nom de quoi le *yogin* se met au travail pour être, comme le disait Pascal, «éternellement en joie pour un jour d'exercice sur la terre».

Alors ce retour à soi qui, dans l'ascèse du yoga, se fait dans le corps s'opère sans violence. Il est un geste qui apprivoise, une brise légère, un effleurement, jusqu'au jour où quelques bribes colportées par le vent sèment de nouvelles attitudes. On y apprend à s'observer sans se juger, sans s'identifier, à prendre acte et connaissance de ce qu'il convient de méditer, et peu à peu à parvenir, sans se défendre, à ce lâcher-prise qui mène aux évidences. Vient alors le temps du changement (*parinâma*). Le cœur se met à s'ouvrir. Plus rien ne lui fait obstacle, ni peur de l'autre, ni cupidité, ni orgueil ou revanches perverses. Le cœur est ouvert, et là, quelque chose se met à *commencer*…

Cette présence d'esprit est d'abord un courage, un humour, une élégance, puis une désidentification aux images de la puissance. De ce fait elle est une réponse au malaise dans la civilisation. Car c'est vraiment, comme le disait Baudelaire («Les phares»), qui s'adressait à Dieu, «le meilleur témoignage / Que nous puissions donner de notre dignité / Que cet ardent sanglot qui roule d'âge en âge / Et vient mourir au bord de votre éternité».

À ces conditions, et uniquement à ces conditions, le yoga peut devenir un souffle pour la paix, roulé dans «cet ardent sanglot» fait de rage et de compassion.

CHAPITRE 6
Une spiritualité en acte

> Les uns avouent la dissonance, les autres la camouflent et la travestissent, arrondissent les angles, recousent patiemment la déchirure.
>
> V. Jankélévitch

On l'aura compris, le spirituel ici n'est pas là où on l'attend d'ordinaire, non pas dans les limbes d'un ailleurs hypothétique, mais dans ses incidences les plus concrètes au cœur d'une dignité citoyenne. Pouvoir non seulement légitimer autrui pour ce qu'il est ou ce qu'il a fait, mais lui concéder un espace de reconnaissance symbolique pour le faire exister aux yeux du monde dans sa différence. Elle est là la portée du spirituel du côté de la reconnaissance et du respect. Et pour refuser que le mal ne passe à travers soi et ne fasse de nous son agent, une conscience est nécessaire.

On fait souvent de la spiritualité la figure du détachement, du pardon et de la sérénité, comme si nous devions tout pardonner pour s'accorder au monde en toute quiétude et ignorer les ignominies de l'homme. Mais il est une autre définition qui consiste à faire d'elle le garde-fou du malheur, par sa vigilance sans concession et sa lucidité ardente. Car ce mal dont la seconde guerre mondiale a vu culminer l'horreur dans les camps, chacun de nous le fait à sa façon en toute bonne conscience, chaque fois qu'il s'agit de réduire l'autre à néant, ou de le taire, le mépriser ou l'ignorer, dès lors que son identité menace la nôtre. Pour celui qui a connu cette violence, quand elle revient pour d'autres, s'élève du fond du corps un cri primal et muet. Car c'est au fond toujours la même histoire qui recommence : pour son propre compte, un être en exclut un autre.

Comment peut-il y avoir de « spirituel » sans la conscience de ce mal radical qui consiste en la négation pure et simple de l'autre ? Comment la conscience spirituelle pourrait-elle être sans intransigeance à cet égard ? Peut-on qualifier de « spirituelle » l'Église catholique pendant la seconde guerre mondiale, quand elle a laissé, sans dire un mot, le massacre des juifs se faire, alors qu'elle en avait pris connaissance ?

Croire aide à vivre, oui. Croire en Dieu ou en la bonté des hommes. Mais sous diverses apologies, celles du bien-être ou du sacré, nombreux sont ceux qui, croyant s'approcher de la lumière pour s'arracher au réel, empruntent à Icare ses ailes, et font de leur envol une chute. Car c'est une chose de vouloir s'élever au-delà des contingences, c'en est une autre de savoir vivre avec, et de lutter contre les injustices et les inégalités de nos sociétés.

La présence d'esprit de reconnaître l'autre

Certains faits, non dénués d'ironie, méritent d'être relatés pour illustrer la complexité des phénomènes d'exclusion, et la mise en abîme du problème de la reconnaissance. Au festival de Cannes en mai 2006 a été projeté en sélection officielle le film *Indigènes*. Ce film traite des cent trente mille tirailleurs maghrébins et africains qui s'engagèrent en 1943 dans l'armée française pendant la seconde guerre mondiale, et qui, à l'âge de quatre-vingt-dix ans, attendent encore dans leur pays ou leurs foyers Sonacotra (Société nationale de construction pour les travailleurs) que leur retraite ou leur pension d'invalidité leur soient versées. Ces hommes ont donc libéré la France de l'occupation nazie. Ils ont combattu pour elle au risque de leur vie. Beaucoup d'entre eux sont morts, et voilà le sort qui est réservé à ceux qui ont survécu : une absence totale de reconnaissance. Dès 1960 leurs retraites ont été « cristallisées », c'est-à-dire non pas, comme l'ont été celles de tous les autres soldats français, indexées sur le coût de la vie, mais figées dans le temps, si bien qu'aujourd'hui elles ne représentent plus qu'une somme dérisoire. Cette injustice, qui se double d'un vol éhonté en toute impunité, n'a pas eu comme unique fonction de les léser dans leur fortune. Leur courage, pas plus que leur engagement, leur sacrifice ou leur intervention militaire, n'a été mentionné dans aucun livre d'histoire enseignée à nos enfants. Leur existence même a été occultée. C'est une page blanche, délibérément oubliée de l'histoire de France. De ce fait, aujourd'hui, alors qu'ils vont bientôt mourir, certains de ces tirailleurs attendent chaque année du bon vouloir des politiques que leur dû leur soit restitué.

« Indigènes » est le nom que la hiérarchie militaire coloniale donna à ces soldats nord-africains. Cinquante ans plus tard, ils ne sont plus seulement humiliés, mais voués à un effacement pur et simple, volontairement gommés par la discrimination raciale la plus effective. Cette histoire révèle non seulement une vraie honte politique, mais elle met en évidence la tentative délibérée de ne donner aucune légitimité à ces hommes tandis que leurs petits-enfants, qui résident en France, sont eux aussi relégués à la périphérie de la société. Comment ne pas comprendre alors la violence des jeunes beurs quand leurs grands-pères, qui méritaient le statut de héros, auraient pu asseoir leur intégration sur les bases d'une identité reconnue, admirée, pacifiée ?

Ce film est cinglant grâce à un scénario d'une grande justesse. Cinglant pour l'injustice et l'indignation qu'il soulève, cinglant pour la France tout entière qui trouve là, dans cette page occultée de son histoire, une compréhension de la violence de ceux qu'elle continue de mettre « hors jeux ».

Au festival de Cannes, le film est ovationné dans la plus vive émotion. Puis vient la distribution des prix et les cinq acteurs — dont quatre sont d'origine maghrébine — reçoivent collectivement la palme d'interprétation masculine. C'est une aubaine pour la promotion du film et une revanche pour toute une génération privée de sa vérité. Ils remercient chaleureusement le réalisateur pour son « humanité et sa fraternité ». Ils « partagent » même leur prix avec lui, rendant hommage à certaines personnes, mais, alors qu'ils viennent tous de recevoir une « palme d'interprétation », personne n'a un mot pour celui qui a écrit leurs rôles, créé leurs dialogues, conçu le scénario et les personnages, pas un mot pour celui qui, grâce à l'habileté du récit a réussi à faire passer l'Histoire, et les a rendus si émouvants à l'écran. Le scénariste, confondu au réalisateur, est rayé de la carte, renvoyé publiquement aux oubliettes. Tous ceux qui connaissent son travail et son investissement, amis et professionnels, s'étonnent d'un tel silence. Puis, dans les interviews qui suivent, alors qu'il est donné l'occasion au réalisateur de parler du scénario, il oublie, de façon inconsciente ou intentionnelle, de citer le nom de celui qui précède, et pour cause, le sien au générique. Il fait comme s'il l'avait écrit seul. Ainsi le travail du scénariste se voit-il usurpé. Mais l'histoire n'est pas finie. Alors qu'il est demandé à celui-ci de préfacer le livre *Paroles d'indigènes*, aux éditions Librio, par courtoisie il accepte que le réalisateur et les acteurs signent avec lui ce texte. Mais au *finish*, alors qu'il est le seul auteur de cet avant-propos, seuls les noms des autres figurent au bas du texte. Le sien a disparu.

Bien sûr, il ne s'agit pas de confondre la cause des scénaristes avec celles des tirailleurs. Cependant, à la lumière de cette situation, force est de constater combien ceux qui n'ont pas eu de reconnaissance, quand ils en ont un peu, s'empressent de ne pas la donner à d'autres, combien la tentation est grande pour l'être humain de falsifier les données, de mentir et de s'approprier le travail des autres. Car en sortant de l'ombre ces tirailleurs nord-africains, ceux-là mêmes qui ont subi dans leur histoire l'affront de la pire annulation, sont prêts à leur tour, pour bien d'autres raisons, de gloire ou de narcissisme, sur fond de communautarisme, à passer l'autre sous silence. La voilà la mise en abîme du problème de la reconnaissance dans une inversion qui ne manque pas d'éloquence.

Où sont l'« humanité et la fraternité » chez celui qui, dans l'aveuglement de son propre traumatisme, reproduit pour d'autres l'offense qui lui fut faite, et le « hors jeu » d'où il vient ?

Ce qu'un peuple a en commun, suggère Freud, est le traumatisme. Le traumatisme est « un type de connaissance », dit Edward W. Said[1]. Et « la réponse au traumatisme la plus attestée historiquement, dit Jacqueline Rose, consiste à le répéter ». « Loin de générer la liberté, l'ouverture aux autres ainsi qu'aux fragments divisés et irrésolus du moi, le traumatisme conduit à une sorte de fragmentation très différente, qui est, selon les propres termes de Freud, "dévastatrice" et oblige les identités à se replier sur elles-mêmes, à aller exactement en sens inverse[2]. » C'est ce qu'illustre notre exemple : les cinq personnes

1. E. W. Said, *Freud et le monde extra-européen*, Paris, Le Serpent à plumes, 2004, p. 113.

2. *Ibid.*, p. 115 et 113.

de même origine se congratulent entre elles, se renvoient la lumière, mais aucune d'elles n'a la *présence d'esprit* de penser à celui qui, d'une autre origine, a passé trois années de sa vie à servir cette cause, comme si, au-delà des frontières, il n'y avait pas de frère. C'est une leçon, toujours la même, celle des humains s'excluant les uns les autres, comme un jeu de miroirs à l'infini.

L'exclusion, quelle qu'elle soit, est toujours une atteinte portée à l'*existence* même d'un sujet. Il y a maintes façons de renvoyer l'autre au silence, maintes façons de l'éradiquer. Qu'on le suppose rival, trop différent, mauvais, sale ou sauvage, on peut l'*effacer*, ni vu ni connu, dans le silence de la non-reconnaissance; on peut aussi le *souiller* à travers la calomnie pour altérer son image; le *déplacer* dans les banlieues, comme le *déporter* dans n'importe quel ghetto; ou l'*anéantir* par les génocides. Mort sociale, psychique ou effective, il s'agit toujours d'une atteinte portée à son être et à sa vie. Une part de lui ne sera jamais *reconnue*, mais considérée au contraire comme négligeable, gênante, nuisible, interdite ou coupable.

Si nous reprenons l'exemple des Français (je dis bien des Français) d'origine maghrébine en France, nous pouvons comprendre la violence qui leur est faite lorsque leur identité est contrôlée plusieurs fois par jour. Leur droit à l'existence est touché. Comment n'en découlerait-il pas un sentiment d'illégitimité, la honte d'être soi, l'interdit de parole, la sensation d'oppression et les passages à l'acte? Comment la colère et l'humiliation ne grandiraient-elles pas?

Cette discrimination, je suis bien placée pour en parler, car en me mentant sur mes origines, mes parents ont fait preuve du racisme le plus archaïque. Lorsque j'ai demandé à ma mère il y a quelques années si mon père était mon vrai père, elle me répondit gênée: «Tu veux vraiment savoir?» Un silence s'ensuivit qui l'empêcha de continuer, puis, elle me dit enfin: «Non, ton père n'est pas ton vrai père», mais elle s'arrêta. Il me fallut alors oser une deuxième question: «Alors, qui est cet homme?» Un autre silence survint plus angoissé encore que le précédent. Sa voix s'étrangla, puis elle me dit enfin: «Ça, c'est le plus dur à dire...» Elle se tut, puis elle ajouta: «C'était un Maghrébin...» En un instant, dans un faisceau de lumière, toute ma vie s'est éclairée: mon sentiment d'étrangeté, ma solitude, mon malaise. On m'avait caché pendant quarante-sept ans l'existence de mon père biologique parce qu'il était arabe: pendant quarante-sept ans on m'avait caché une partie de moi, parce qu'elle était honteuse. Le voilà le racisme ordinaire des familles catholiques « bien pensantes ». Croire en Dieu n'empêche pas de commettre le pire, au contraire, et cela, en toute bonne conscience. Cela autorise même à rayer de la carte une partie de l'espèce humaine pour s'arroger le droit d'être meilleur qu'elle.

Cette immaturité infantile à concevoir ainsi les rapports humains et le recours à la transcendance, marque un hiatus entre appartenance religieuse et conscience spirituelle. L'une n'appelle pas l'autre, alors qu'une attitude spirituelle ne peut se concevoir qu'à considérer la fraternité au-delà des frontières, des identités ou des communautarismes. Mais pour cela encore faut-il que certains puissent condescendre à sortir d'un sentiment de supériorité proportionnel à leur indigence, et que d'autres cessent de se complaire dans un statut de victime dont la portée finit toujours par en exclure d'autres.

Ainsi, rage inouïe, vanité sordide et sombre impensé reproduisent la ronde infernale des discriminations les plus funestes, et ce, au plus près de chez soi. On en prend d'autres et on recommence dans le plus grand aveuglement. Il est là le royaume offensif de la bêtise, dans l'analité la plus archaïque. Et de ce fait, parce qu'« on a tendance à se reconnaître dans son appartenance la plus attaquée », dit si justement Amin Maalouf, au nom d'une identité menacée, une guerre s'engage, sourde et sans pitié, et le « moi-moi-moi » identitaire poursuit son œuvre arrogante et sinistre.

Comment ne pas associer les feux de la colère des adolescents qui brûlent voitures et commerces dans les banlieues parisiennes avec le champ de bataille de leurs aïeuls tirailleurs pendant la guerre ? Auraient-ils eu besoin de transformer leur ville en brasier si cette histoire leur avait été connue, si la fierté identificatoire de leurs grands pères qui ont pris les armes pour de nobles causes les avaient soutenus, si la France leur avait porté gratitude et que, tout habités de leur gloire, leur narcissisme en avait été fortifié ?

Que dire de tous ces jeunes qui brandissent aujourd'hui la violence comme un trophée, exhibant sur leurs photos de portables la preuve de leurs « exploits » qui ne sont autres que viols, vols ou tabassages[3] ? Leur but bien sûr est de se « faire voir », d'impressionner, et de se valoriser, « pour chercher le respect ».

« Avant d'entrer en maison d'arrêt, la seule préoccupation de certains jeunes, dit le sociologue Michel Redon, c'est de pouvoir

3. Voir L. Blecher, « Violences », *Libération*, mardi 23 mai 2006.

garder leur tenue Nike.» C'est dire qu'il n'y a plus qu'une seule image pour les représenter, plus qu'un seul signifiant pour soutenir leur être, et ce signifiant loin de leur histoire et de leur filiation, signe de pouvoir et de fierté, ennoblit leur image et répare la honte. Ce narcissisme ultime est la preuve d'une angoisse profonde. Ainsi, enfants de l'oubli, la haine est leur amie, la seule capable de défier aujourd'hui leur statut de déchet savamment entretenu par nos sociétés. Mais à l'inverse, en luttant contre, ils continuent de le perpétrer.

Freud avait raison de penser que l'éducation «pèche en outre en ceci qu'elle ne prépare pas l'adolescent à l'agression dont il est destiné à devenir l'objet. En lâchant la jeunesse dans la vie avec une orientation aussi inexacte, dit-il, l'éducation ne se comporte pas autrement que si l'on équipait des gens partant pour une expédition polaire avec des vêtements d'été et des cartes des lacs lombards.» Ce qu'il entend par «inexacte» il l'explique plus loin: «La sévérité des exigences éthiques ne causerait guère de dommages, dit-il, si l'éducation disait: tels devraient être les hommes pour devenir heureux et pour en rendre d'autres heureux, mais il faut s'attendre à ce qu'ils ne soient pas tels. Au lieu de cela on fait croire à l'adolescent que tous les autres remplissent les prescriptions éthiques, qu'ils sont donc tous vertueux[4].» Pour certains l'illusion est donc grande et la chute brutale, la violence et les transgressions probables. Ils se défendent contre une autorité qui leur a menti, ou, pis, contre une absence d'autorité. Et lorsque les parents démissionnent, ils s'en trouvent une autre, celle des bandes et leurs styles vestimentaires, certaines, sans foi ni loi, sauvages et vengeresses, où la barbarie côtoie le désespoir.

Il faut avoir été reconnu par l'Autre pour *se reconnaître soi-même* dans le miroir qu'il nous tend. Et à la façon dont le sujet est reconnu, il s'identifie à l'image qui lui est renvoyée. Si cette image est positive elle le poussera toute sa vie vers une dignité fondatrice de sa propre évolution. Si elle est négative ou honteuse, il lui sera difficile d'échapper au mauvais objet auquel il se sera identifié. Le manque d'identification positive et la non-insertion sociale qui en découle renvoient le sujet dans les vertiges dépressifs des passages à l'acte et de la marginalisation. Nombreux sont les jeunes qui endossent l'humiliation de plusieurs générations, et qui, en défiant la société, vengent tout simplement l'impuissance de leur propre père.

4. S. Freud, *Malaise dans la culture*, Paris, PUF, 1995, p. 77.

Pour toutes ces raisons, la conscience spirituelle découle d'une conscience des gravités, d'une intelligence du cœur et de la raison, du refus de l'indolence. Elle ne peut supporter la désinvolture car c'est avec la mort que flirte la cécité, et cet engourdissement de l'esprit qui nourrit l'indifférence et l'ignorance coûte la vie à quantité d'être humains.

Lors de la deuxième guerre mondiale, par solidarité, certains scandaient « Nous sommes tous des juifs allemands », aujourd'hui nous pourrions entonner « Nous sommes tous des enfants d'immigrés », car chacun, du plus profond de son enfance et de son exil intime, quelle que soit sa nationalité, pourrait se reconnaître dans ce combat, car chacun porte en lui ce même désir : se faire exister dans le regard de l'Autre, et souvent à n'importe quel prix. « Quand je vous parle de moi, je vous parle de vous, disait Victor Hugo dans la préface des *Contemplations*. Comment ne le sentez-vous pas ? Ah ! insensé qui crois que je ne suis pas toi. »

Des pouvoirs de l'identification

La possibilité de s'identifier à celui qui souffre n'est pas seulement une façon de se retrouver et de s'aimer soi-même à travers l'autre, comme on le pense souvent, mais d'être capable, après y être entré, de sortir de soi, de quitter son moi satisfait ou peureux qui fait d'autrui une quantité négligeable ou un ennemi menaçant, pour essayer de l'entendre au plus près de son extériorité, en reconnaissant au cœur de sa différence la résonance qui nous lie à lui. Ce mouvement d'identification implique une ouverture du moi qui abandonne sa suffisance.

Ouvrir son cœur revient donc à faire ce pas qui nous extrait d'une coquille brisée pour entendre chez l'autre le même qui crie famine, qui supporte l'invivable ou rencontre l'exil. Mais pour cela, il faut s'être approché de soi-même, du sujet en soi qui a souffert, se reconnaître dans sa propre défaillance et sa vulnérabilité, faire de son enfance le lit de l'humanité. La sympathie qui se dégage de ce processus est à mes yeux la source même de ce qu'est un être spirituel, un être de cœur. Voilà pourquoi celui qui se coupe de sa vérité souffrante et qui préfère, en dehors de lui-même, s'identifier à l'agresseur, à l'autorité ou à n'importe quelle image de puissance, ne peut avoir accès à cette zone humide où se sécrètent les liens de solidarité entre un être et un autre.

Nous l'avons vu, quand l'autre n'existe pas, nous sommes dans une forme d'inhumanité, dans une étanchéité du rapport qui caractérise la psychose ordinaire ou l'égoïsme habituel ; et la cruauté, qui n'est jamais très loin, rend vaine toute tentation de pardonner à celui qui oublie que l'autre est là, souffre, et attend de l'aide. Le cœur du sujet est comme carbonisé par une stratégie qui ressemble à celle de la terre brûlée. Et là où c'est *cuit* pour lui, c'est cuit pour l'autre aussi, qu'il ne peut reconnaître ou veut éliminer, à moins qu'il ne l'utilise à ses propres fins comme une partie de lui. Toujours est-il que, replié sur son narcissisme, il fait preuve de sécheresse de cœur. De lui, il n'y a rien à attendre, ni compréhension, ni reconnaissance, ni surtout, consolation. Son insensibilité côtoie l'absence de conscience, et ce que l'on croit être de la lâcheté n'est bien souvent que de l'incurie. Lorsqu'il arrive au contraire qu'un être mette son histoire au service de son écoute, son avancée vers autrui, qui l'expose à la compassion autant qu'à l'altérité, produit la condition même de la *rencontre*, de l'empathie et de l'échange, autant de dimensions qui font de la *relation* un partage. Et son écoute est un don. Ce déplacement vers l'autre n'est possible qu'à la condition d'une sortie de soi, et celui qui est capable de se détacher de lui-même est capable de générosité.

Voilà pourquoi la cure psychanalytique a une telle portée civilisatrice. En permettant au sujet de se reconnaître en tant que fragilité exilée, au-delà des identifications du moi qui sont assujetties à des images de puissance, en l'amenant à considérer son propre statut de déchet, elle le conduit à renouer avec cette part rejetée de lui-même qui, un jour, sombra dans l'oubli. Le pouvoir de cette identification avec ce qu'il y a de plus refoulé en soi, lorsqu'il est soutenu par l'analyste avec lequel cette vérité est partagée, restitue au sujet son essor. Car en se reconnaissant, et en partageant avec un autre cette part déchue, en acceptant de faire sienne la dépression qu'elle *représente* et le vide qu'elle constitue, le sujet peut se ressaisir, dans un mouvement sublimatoire, de cet élan ascensionnel qui caractérise sa remontée hors de l'abîme. Pour certains, il n'est pas rare alors que prenne sens — en signification autant qu'en direction — un désir nouveau : qu'il n'arrive pas à autrui ce qui leur est arrivé. Gagnée sur la mort, cette énergie reconquise provient du lien de vérité que le sujet a pu établir avec sa propre histoire, et du soutien qu'il a trouvé dans l'écoute.

Après cette rencontre pénible avec l'indicible, l'identification à ce moment de détresse permet au sujet un remaniement de ses processus défensifs qui en s'assouplissant favorisent une meilleure communication avec les autres. C'est à ce titre que la psychanalyse, lorsqu'elle parvient à lever les clivages entre le moi et le sujet de l'inconscient, lorsque son travail de mémoire et de parole désenclave le refoulé qui fait retour jusqu'à cette source même de l'abandon où le sujet a reconnu sa propre perte, devient fondatrice d'un nouveau rapport à soi-même et à autrui. Ce symptôme postanalytique constitue son ouverture aux autres, la *source* d'une altérité nouvelle. Il modifie le prisme à travers lequel voir le monde, et inverse la logique de répétition du sujet névrosé. En ce sens, une souffrance convertie s'engage dans le monde à dire l'intolérable. Son rapport à la parole s'en trouve à tout jamais marqué. Sa conscience transformée.

Car il faut avoir pu reconnaître en soi-même les causes de ses traumatismes, et en avoir saisi toutes les coordonnées, s'être abandonné à un être de confiance et avoir reconquis avec lui cette part de vérité, pour être capable d'entendre, ici ou là, ce cri désespérément muet, semblable à celui de Munch, de la souffrance d'autrui. Il en est tout autrement de celui dont le clivage domine la vie et qui, figé dans la surdité, donne à son insouciance la légèreté de l'insignifiance. Une longue analyse malheureusement ne permet pas toujours d'entrer dans la profondeur de la souffrance initiale.

Cependant l'identification du sujet à cette part de lui-même et sa compassion pour ce moment de désespoir sont à mes yeux à l'origine de toute portée spirituelle, car cette compassion porte en elle le souvenir d'un appel qui n'eut pas de réponse. Ainsi la psychanalyse, dont on entend souvent dire qu'elle est froide, inhumaine et sans concession, participe à ce mouvement de civilisation qui draine avec elle les processus les plus archaïques de l'humanisation. De l'autre côté du moi, un sujet ignoré, rejeté, frappe à la porte. Voilà une autre façon de dire après Lacan que le sujet et le moi sont deux instances différentes, issues de deux endroits différents de la personnalité. L'un permettant de s'identifier à celui qui souffre, l'autre pas. Le spirituel est du côté du sujet, pas du côté du moi.

Pourtant, dit l'Indien, qui joint en prière sa main droite contre sa main gauche, « Toi et Moi c'est la même chose ». Et du fond de l'antiquité, Tchouang Tseu de résonner : « Soi-même est aussi l'autre. L'autre est aussi soi-même. Que l'autre et soi-même cessent de s'opposer, là est le pivot du Tao, la voie du milieu. » Oui, mais à la condition que l'un ait accès à l'autre, que l'un puisse *s'identifier* à l'autre, et vice versa, et là où la spiritualité voudrait encenser l'union bénie des opposés, la psychanalyse nous éclaire sur cette butée que représente le roc de la structure. Car il y a de l'impossible, en effet. Un impossible structurel. Il faut pouvoir en convenir, et il serait naïf de croire que quiconque, même au terme d'une longue pratique de yoga, puisse accéder à cette dimension de l'être qui ouvre le cœur autant que l'esprit, car il en va du moi comme d'une forteresse assiégée, et peu de personnes sont capables de renoncer à leurs mécanismes de défense, à l'amour de soi, aux rapports de force et à la jouissance du négatif qui en découle. Il est souvent plus ordinaire de « tuer » l'autre, de le manipuler ou de lui nuire d'une façon ou d'une autre, que de se défaire d'une partie de soi-même qui ouvrirait l'accès à un autre rapport.

Le journaliste George Sylvester Viereck, qui s'entretint avec Freud en 1926, lui dit un jour ceci : « J'ai l'impression que la psychanalyse réveille chez tous ceux qui la pratiquent l'esprit de charité chrétienne : il n'existe rien dans la vie humaine que la psychanalyse ne puisse nous faire comprendre et "tout comprendre, c'est tout pardonner". À ces dires, les trait de Freud s'accusèrent, donnant à son visage la sévérité d'un prophète hébreu, et il répondit ceci : "Au contraire, tout comprendre n'est pas tout pardonner. La psychanalyse nous enseigne difficilement ce que nous pouvons supporter, mais aussi ce que nous pouvons éviter. L'analyse nous dit ce qui doit être éliminé. La tolérance envers le mal n'est en aucune façon le corollaire de la connaissance[5]." »

Cela va sans dire qu'une telle idée s'oppose à la morale bourgeoise et à son éducation chrétienne qui cautionne et a cautionné bien des tourments inacceptables, mettant le silence, la résignation et le pardon au rang des vertus. À ce prix sacrificiel, le mal reste couvert, ni vu ni connu. Il n'y a personne pour déranger la maltraitance de certains parents sur leurs enfants, du voisin sur son épouse ou du patron sur ses ouvriers. « Se taire », « accepter », « ne pas s'écouter » et surtout « pardonner » sont restés les impératifs sacrés pour gagner le paradis, sans parler de la culpabilité que l'on fait peser sur celui qui tente de s'y dérober. Pendant ce temps, il en est qui, en toute impunité, font de la terre un enfer.

---

5. G. S. Viereck « Entretien avec Sigmund Freud. La valeur de la vie » (1926), première partie, *La Lettre mensuelle* de l'École de la cause freudienne, nº 244, janvier 2006, p. 12. Le texte original de cette interview a été publié par l'auteur dans son ouvrage *Glimpses of the Great* en 1930. Le texte a été également publié dans un numéro spécial du *Journal of Psychology* à New York en 1957.

Il faut souvent longtemps au sujet, et l'expérience analytique en témoigne, pour comprendre que tout n'est pas supportable, et qu'il a le droit de ne pas tolérer le mal qui lui est fait; longtemps pour s'autoriser à penser, comme le dit Freud, que l'indulgence n'est pas toujours signe de sagesse.

La psychanalyse, bien évidemment, ne tient pas le discours de la soumission et, en se tenant du côté de la vérité, elle prend le parti du sujet. Lorsque celui-ci, à la fin d'une analyse, parvient à destituer l'Autre de son pouvoir, il s'en émancipe, et cet affranchissement qui le libère des torpeurs de l'enfance lui permet, de façon nouvelle, de se positionner, de voir et de penser, non plus d'être dupe du mal tant partagé. C'est alors que « tout comprendre n'est pas tout pardonner». À ce titre comment la psychanalyse ne serait-elle pas subversive? Comment ne serait-elle pas dissidente de tout ordre fondé sur le silence et la normalisation?

C'est la raison pour laquelle, de sa naissance à nos jours, elle se voit de façon récurrente menacée d'extinction, discréditée et concurrencée par des thérapies de l'adaptation (appelées aujourd'hui TCC, «thérapies cognitivo-comportementales»). Car il est en effet plus facile, plus rapide et moins dérangeant de «formater» un sujet aux normes établies que de l'entendre dans son incurable, de lui donner le temps de sortir de son masochisme et de lui permettre de trouver une forme créative à son symptôme. La psychanalyse fait le choix de l'un et de la singularité, non pas du clonage interchangeable. Or la tendance normalisatrice dans notre société se généralise à bien des domaines et notamment à celui de la santé. En témoigne récemment le rapport de l'Inserm qui préconise un traitement médicamenteux pour les enfants présentant des « troubles comportementaux», conseillant dès l'âge de trente-six mois le dépistage des symptômes suivants: «Indocilité, hétéro-agressivité, faible contrôle émotionnel, impulsivité, indice de moralité bas. À partir de six ans, l'administration de médicaments, psychostimulants et thymorégulateurs, devrait permettre de venir à bout des plus récalcitrants.» Il est en somme très tôt conseillé de filer doux et de se couler dans le moule, sinon la *correction* chimique y pourvoiera. Quant aux dernières nouvelles concernant ce dressage des âmes, il semblerait que l'on ait trouvé une façon d'agir sur le cerveau du fœtus en modifiant son patrimoine génétique…

Telle est, grâce à la science, la volonté insidieuse de la tentation totalitaire si on la laisse faire, et qui, toujours, veut dominer les esprits et diriger les pensées. Elle va crescendo et commence ici plus tôt que le berceau. Bien se tenir, et être conforme, voilà ce qui est demandé au sujet. Alors comment entendre, au cœur de ce qui est appelé une *cure* analytique, la sauvagerie de la pulsion qui permet au patient d'en vivre les remaniements, si en amont elle est domestiquée par les pouvoirs publics? Ce problème est éminemment politique. Et la psychanalyse soulève de fait un *enjeu spirituel*, celui de préserver cet espace intouchable qu'a l'humain d'*être* lui-même et pas un autre — pas celui que l'on voudrait qu'il soit, celui qu'il *est* —, de protéger sa faculté de penser, de devenir, sans mettre la main sur son potentiel. Il nous faut donc demeurer vigilants et veiller aux prémisses toujours perfides de certaines orientations gouvernementales et lutter contre l'application de certaines lois qui seraient fatales à la possibilité pour quiconque de s'émanciper de ses aliénations multiples — et celle d'*être parlé par la société* en est une, et non la moins sournoise, le combat des éveillés.

Née avec Freud dans le scandale que l'on connaît, la psychanalyse porte en elle son réel: y a de l'impossible! Il y a de l'impossible entre la société bourgeoise dont elle est issue, et qui est fondée sur le refoulement de la violence la plus intime, et le discours de l'inconscient qui échappe à celle-ci, entre l'État qui vise à l'uniformité et la subversion d'une éthique du sujet! Car telle est l'épreuve de Freud: parvenir à convaincre ceux qui veulent l'ignorer de la réalité inconsciente qui préside au symptôme, et attester d'une clinique dont la logique initiatique se fonde dans le plus ancestral des savoirs, la relation d'être à être. Comment témoigner alors, si ce n'est auprès de ceux qui connaissent, pour l'avoir vécue, l'expérience transférentielle de l'inconscient, de cette variabilité créative qui oscille entre répétition traumatique, persistance de l'incurable et avènement d'une liberté? Comment rendre compte de ces aléas transférentiels grâce auxquels un savoir se constitue? Comment oser enfin, dans une société du «toujours plus» dont l'avidité participe aujourd'hui de son désespoir, penser le manque-à-être comme noyau et rebond singulier du désir? La psychanalyse se heurte ici, en son principe, à sa plus stricte incompatibilité: celle d'avoir à correspondre à un pouvoir que le patient lui-même au cœur de son histoire s'escrime à déserter; celle de correspondre à des pratiques «formatées» qui, en ôtant au sujet la possibilité de choisir son thérapeute nient également le temps qu'il lui faut pour comprendre; celle qui consiste à faire fi de l'irréductible que chacun porte en lui pour survivre au malaise dans la civilisation.

Oui, il y a de l'impossible pour la psychanalyse à cohabiter avec l'ignorance. Et même si la mobilisation des psychanalystes parvient à modifier les modalités de certaines lois la concernant, la profession voit en ces circonstances revenir au galop, par un retour fulgurant du refoulé, la lutte signifiante d'où elle vient. Cela a toujours le mérite de faire entendre qu'en constituant pour le sujet un recours la psychanalyse s'avère le lieu d'une dissidence, et en touchant à cette instance, le gouvernement touche au plus vif de la liberté de chacun. Alors, parce qu'elle se bat tous les jours aux côtés des patients contre les assauts de la pulsion de mort, elle se doit de refuser, encore et toujours et quoiqu'il advienne, les petits arrangements avec une politique de la mort.

Comme on le voit, pour préserver l'espace de l'Être nous ne sommes pas dans l'harmonie, il s'agit d'une bataille, et Jankélévitch avait raison : « La condition de l'homme dans sa modernité, c'est la dissonance. On ne peut réunir tout ce qu'on aime et tout ce qu'on respecte sur une même tête, dans un seul camp, et sous le même drapeau. [...] Le ciel des valeurs est un ciel déchiré, et notre vie écartelée est à l'image de ce ciel déchiré. Schopenhauer avait sonné le glas de l'Harmonie leibnizienne. Et de fait elle grince, racle et dissone cruellement, l'harmonie ! Parmi les carillons harmonieux. Baudelaire a entendu la "cloche fêlée du malheur"... Les uns avouent la dissonance, les autres la camouflent et la travestissent, arrondissent les angles, recousent patiemment la déchirure. » « Le plus difficile et le plus rare, c'est [...] de demeurer fidèle au caractère secret, infiniment complexe de toute recherche spéculative sans méconnaître ni renier les engagements politiques et les sacrifices que comporte une volonté de justice passionnément sincère[6]. »

Oui, rester fidèle à ce que l'on a compris dans le secret des mots, à ce que l'on a réalisé dans le silence d'une méditation, ou appris auprès de ceux qui ont traversé la mort. Rester fidèles et droits, même devant les personnes qui ont tordu la vérité pour mieux vivre dans le confort, intransigeants et obstinés pour la clamer au grand jour. Anne-Marie Casteret était de ceux-là. Journaliste à *L'Événement du jeudi*, elle fit éclater en 1991 le scandale du sang contaminé. Quelques années plus tôt, le Centre national de transfusion sanguine avait laissé s'écouler des produits sanguins contaminés par le VIH, et du jour au

6. V. Jankélévitch et B. Berlowittz, *Quelque part dans l'inachevé*, Paris, Gallimard, 1978, p. 119-120.

lendemain des centaines d'hémophiles et de transfusés se sont retrouvés séropositifs. Comment une telle horreur a-t-elle pu se produire? Cette question, elle ne cessa de se la poser. Médecin de formation et obsédée par la vérité, elle ne recula devant rien, jusqu'à ce jour où elle mit la main sur le rapport où l'infamie était écrite noir sur blanc: plutôt que perdre quelques millions de francs par mois et stopper net la distribution des lots contaminés, les responsables du CNTS avaient décidé de les laisser circuler. Indignée, effarée par la monstruosité d'une telle découverte, elle disait à son rédacteur en chef: « Tu te rends compte, ce sont des médecins, des scientifiques, et ils ont osé faire une chose pareille. Tu as bien compris: maintenant on peut prouver qu'ils ont sciemment distribué les lots de sang contaminé pour des raisons commerciales[7]. »

L'ignominie dépasse toujours l'entendement et laisse bouche bée de stupeur. Mais il y en a, comme Anne-Marie Casteret, qui ne se laissent pas pétrifier par l'horreur et qui, l'ardeur chevillée au corps, brûlent de cette passion de la justice pour harceler la mort et la mettre au cachot. À l'inverse, certains sont prêts, loin de tout scrupule, à sacrifier la vie de milliers d'êtres humains par pur intérêt personnel et goût du profit. Ceux-là ne se sont pas un instant *identifiés* à ceux qui allaient mourir quelques mois plus tard du sida. Cette litanie, semble-t-il, n'a pas de fin: quand le sens du devoir et de la responsabilité ne fait pas limite à l'ego démesuré, l'autre, quel qu'il soit, voué à la maladie et à la mort en paie les funestes conséquences. Le diable n'est nulle part ailleurs que dans les êtres au cœur froid.

À l'heure où j'écris, en Afghanistan des sympathisants talibans viennent de mettre le feu à une école, laissant des tracts promettant de défigurer les professeurs qui feraient classe aux filles. Comment s'étonner que nous cherchions des techniques, spirituelles ou autres, pour attendrir notre rapport au monde, quand tant d'obscurantisme en marque la violence? La voilà la dissonance. Il serait si bon de croire en quelqu'un qui pourrait nous consoler. Quelqu'un qui prêterait l'oreille à ce qui nous touche de trop près, avec lequel partager notre indignation, dans le silence duquel nous pourrions nous ressourcer. Il serait si bon de s'abandonner entre ses mains pour effacer le désespoir qui éreinte nos compassions les plus profondes.

---

7. M. Labro, « Casteret ou l'aventure du vrai », *Le Nouvel Observateur*, 24-31 mai 2006.

Une *mère* a fait défaut au plus sec de son être, un *père* a oublié de l'être, et croire en Dieu réalise ce rêve de consolation. Rien de méprisable à cela. Mais le spirituel ne se réduit pas à cela. S'il amène à retrouver dans ce mouvement d'abandon l'innocence et le dénuement de l'enfant au cœur de son impuissance, s'il s'origine dans la fragilité d'une prière au bord d'un insoutenable, il fait surgir de cette expérience un certain savoir; et c'est ce savoir, issu d'une solitude essentielle, qui constitue le ressort de sa position éthique. Ce savoir ne consiste pas à lever les yeux vers un Dieu tout-puissant mais à rester vigilant, attentif aux signes de déshumanisation, responsable de l'amour que l'on donne ou ne donne pas, épris de justice et de vérité. Mais la question reste celle-ci: une fois que la dureté du monde a été vue, reconnue, une fois que la lucidité a fait son travail, comment nous séparer de l'influence néfaste du constat du mal? Comment continuer de voir, sans continuer à souffrir?

L'autre côté de la conscience

Un jour, alors que je parlais du projet de ce livre et de son titre éventuel, quelqu'un me rétorqua de façon péremptoire: « Le spirituel ça ne se pense pas! » Cette parole eut le pouvoir de me faire taire. Je reconnaissais là la thèse de ceux qui aiment le silence et réduisent le spirituel à l'indicible. Cependant, il y avait dans la parole de cet homme quelque chose qui m'invitait à entendre ce qui échappe à la raison, à la pensée, ce que nous rencontrons quelquefois dans la méditation quand, dans le recul du monde, nous entrons dans ces moments d'éveil et de contemplation et que nous parvient « ce chant paisible et doux qui se murmure en nous aux confins du silence[8] ». Oui le spirituel est aussi *ce qui échappe*, ce qui mystérieusement aspire à la grâce, et il est vrai, comme le dit François Cheng, qu'« il est impossible de résoudre la question du mal en ne se fondant que sur le scandale qu'il représente. On ne peut le combattre sans prendre en compte l'autre extrémité de l'univers vivant qu'est la beauté. Malgré l'impression de rareté qu'elle donne, elle est, elle aussi, omniprésente en ce monde, ne fût-ce que par chaque aurore qui advient sans faille,

8. A. Kielce, P. Ravignant, J. M. Varenne, *Le grand livre de la spiritualité orientale*, Paris, Ma, 1988, p. 28.

apportant sa part de lumière[9]. » En effet nous l'oublions souvent ! Nous oublions la grâce de tout ce qui est donné, sans lequel nous ne pourrions survivre, nous oublions la gratuité de l'essentiel. Nous l'oublions pour mieux nous écorcher au réel, assoiffés de douleur. Cette attraction pour le négatif, cette tentation du malheur, cette « jouissance », comme l'appelait Lacan, c'est précisément ce que les disciplines spirituelles, tout comme l'art et la philosophie, permettent de relativiser, éclairant l'état d'esprit de celui qui souhaite un peu de sagesse.

L'ascèse posturale du yoga, dont on pourrait dire qu'elle est la tentative par excellence de l'harmonie, puisque tel est le sens de son étymologie, a cette fonction même de rétablir l'équilibre entre le négatif et le positif : faire que l'expérience de bien-être laisse dans le corps la mémoire d'un bonheur, d'une lumière, d'une accalmie, la saveur d'une paix rare, pour modifier les prismes habituels à travers lesquels le sujet voit le monde. Ces prismes ordinaires sont la peur, le pessimisme, l'amertume, le ressentiment, l'enfer intérieur qui replie chacun sur lui-même, là où ça « racle et dissone ». L'*enfer* est toujours ce dans quoi nous restons *enfer*més.

Se tourner vers les bonnes et belles choses est un long apprentissage, la vertu des sages. Elle consiste à revivre des expériences de confiance, d'émerveillement, le goût des choses simples, l'appréciation d'un bon moment pour s'ouvrir à nouveau à la vie. Et cette ouverture, comme on l'a vu plus haut, est la première condition pour *sortir* de soi, s'intéresser aux autres ou à ce qui nous entoure avec une plus juste distance, laisser son âme au plus près des saveurs.

Cette sortie de soi, gagnée sur l'égocentrisme et la peur, n'a d'autre visée qu'entendre, le plus loin possible et de la façon la plus pénétrante qui soit, ce qui se manifeste. La logique est donc toujours celle-ci : s'arracher au négatif pour s'extraire de son influence, créer du dehors et de l'autrement pour s'en protéger, recréer un équilibre entre lucidité et détachement pour accéder à une autre façon de voir et mieux gérer la fragilité dans laquelle nous met la grossièreté. Tel est le processus graduel que préconise la sagesse indienne : apaisement, ouverture, réceptivité nouvelle. Une autre chance est ainsi donnée à la vie, une autre façon de se réouvrir à sa sensibilité. Car les corps en témoignent qui se présentent souvent comme des feuilles repliées sur

9. F. Cheng, *Cinq méditations sur la beauté*, Paris, Albin Michel, 2006.

elles-mêmes, s'enroulant vers l'intérieur pour se fermer au monde : il ne suffit pas de naître, pour conclure un pacte avec la vie. On se défend de la vie comme on se défend de la souffrance.

Générer la quiétude et la joie, ce que tente de faire une pratique de yoga, modifie la perception même de l'existence. Ainsi les *Yoga-Sûtra* indiquent-ils que le contentement (*samtosha*) est une des conditions de la sagesse. Comment celui qui a peur, comme un animal effarouché, pourrait-il oser se risquer en dehors de lui-même pour écouter celui qui lui parle ? Comment pourrait-il trouver en lui la disponibilité nécessaire pour recevoir la beauté qui l'entoure et l'apprécier comme un don ? La tranquillité de l'esprit est la condition même de l'attention que l'on porte aux choses, et par extension, de la conscience et de la jouissance que l'on en a. Elle entraîne de ce fait une présence particulière au monde. L'oubli de soi qui caractérise la vraie disponibilité — ce que Maldiney appelle la « transpassibilité » du vide à travers soi —, cet oubli-là donne accès au grand dehors, à la possibilité de contempler plus loin que soi, au pur désintéressement du regard qui, retirant toute intentionnalité à son voir, devient alors capable de recevoir.

Patañjali à l'aphorisme I.33 des *Yoga-Sûtra* indique quatre façons de contrer le mal pour parvenir à la sérénité, quatre façons de retrouver la beauté du monde : « La sérénité de l'esprit (*chitta-prasâdanam*), dit-il, provient du choix de l'attitude mentale (*bhâvanâtah*) que l'on adopte dans certaines situations (*vishyayânâm*). » Si notre esprit est négatif et agité, et si nous voulons retrouver la clarté et la paix (*chitta-prasâdanam*), il nous suffit de cultiver l'amitié (*maitrî*), nous tourner vers ceux qui sont heureux et partager leur joie (*sukha*) au lieu de les jalouser ou de les envier ; il nous faut développer notre compassion (*karunâ*) et notre bienveillance à l'égard de ceux qui souffrent (*duhkha*) ; penser à ceux qui font le bien (*punya*) pour retrouver notre enthousiasme (*muditâ*) ; et cultiver la distance et le désintérêt (*upekshânâm*) à l'égard de ceux qui font le mal (*apunya*)[10].

En inversant de la sorte la tendance au négatif et en se recréant loin de ses blessures, tout semble pensé pour utiliser en soi les forces du partage, tourner le cœur vers des sources de chaleur et différer sa douleur. En se réouvrant à l'amitié, à la compassion et à l'enthousiasme, l'amour du bon est préservé. Les autres deviennent source de

10. Aphorisme médité avec la participation de Frans Moors.

lumière, générant en soi une énergie positive. Et en se détachant de ceux qui font le mal on garde la tête froide. Cette rotation du cœur permet au regard de garder sa clairvoyance, et au mental, fortifié, de n'être plus aveuglé par ce qui l'affecte. Ainsi le sujet peut-il continuer à penser clairement. La spiritualité touche de ce fait aux rapports de l'être et du voir, de l'être et de la lumière. Elle est une affaire de regard. Il faut pour cela un désir, un appel, un « vouloir voir autre chose » que la grossièreté ou la brutalité du monde, un refus de réduire l'existence à pareil désastre, une façon de se déporter ailleurs vers plus de bonté.

Le mot *deus* qui signifie « Dieu » vient du mot latin *dies* qui veut dire « jour » ou « clarté du jour ». Il désigne donc à la fois « ce qui permet de voir » et la lumière elle-même. On peut comprendre alors que ceux qui s'approchent de Dieu s'en approchent par cette lumière qu'est la lucidité qui mène aux vérités nécessaires ou par cette lumière du cœur et de la générosité, ou celle encore de l'émerveillement quand elle irradie les paysages de beauté. Entrer de plus en plus dans cette lumière, de plus en plus directement et en profondeur, c'est peut-être finir par s'approcher de l'expérience de Dieu, hors de tout dogme et de toute Église. Car « voir » ici ne signifie pas « croire », mais réaliser, intégrer cette dimension jusqu'à ne faire qu'un avec cette expérience. Alors peut-être apprend-on à devenir lumière, transfiguré par sa douceur et présentant au monde un visage aussi lumineux à l'intérieur qu'ouvert à l'extérieur. Et peut-être, comme le disait Maître Eckhart, qu'à ce moment là « l'œil par lequel je vois Dieu est l'œil par lequel Dieu me voit »...

Lorsque nous observons les sculptures des bouddha khmers en méditation, nous pouvons comprendre ce qu'est « un visage entièrement absorbé par son regard, un visage qui devient pur regard et pur sourire, visage de la vision où visible et invisible s'alimentent, où source de beauté et beauté effective font un. Tourné vers l'intérieur puis retourné vers l'extérieur, ce visage pourra alors dispenser une lumière autre, celle de la transfiguration[11]. » *Bouddha*, étymologiquement, signifie « celui qui est éclairé de l'intérieur par la *buddhi* », la lumière de l'intelligence.

On se souvient toute sa vie de ceux qui ont goûté à cette source, car il émane de leur présence une joie vive et tranquille. Ressourcé en leur être, ils semblent non pas avoir rencontré un point d'éternité

11. F. Cheng, *op. cit.*, p. 16.

arrêtée, mais avoir rejoint un grand fleuve dont le courrant les porte, un mouvement plus vaste encore que celui de l'univers, la pulsation du monde en création. De cette lumière intérieure, Henri Maldiney dit qu'elle est la « transcendance impossessible », qui « nous enveloppe et nous traverse ». « Elle n'est pas celle d'une expression psychologique particulière, mais celle qu'implique en chaque visage, sa qualité d'être, sa dimension métaphysique », « la dimension exclamative de l'Ouvert[12] ». Dans ce retrait qui régénère et toujours réinvente celui qui, toujours inachevé, se retire en sa source, il se crée un tel mouvement de liberté et d'inspiration que ce qui s'inaugure dans cette création pousse à la création elle-même. C'est un retrait — non pas qui enferme ou isole — mais qui dynamise, qui élance, et cette mobilité intérieure a sans doute à voir avec la pure énergie de la vie lorsqu'elle s'est dégagée de la souffrance.

Rejoindre ce courant universel, c'est ce que Patañjali appelle *Îshvara-pranidhâna*, ce mouvement qui invite à l'abandon pour s'ouvrir à plus grand que soi, au mystère de l'invisible et de l'ordre des choses, à la force de la vie impalpable et fondatrice, que certains appellent *Prâna* ou *Îshvara*. S'ouvrir au monde et sortir du sien, ce qui demande d'être profondément rassuré, n'est possible en effet qu'à la faveur d'une certain « abandon », celui qui permet de déposer et de laisser derrière soi l'armure du moi volontaire et défensif. Alors peut-être, enfin, est-il possible d'accéder à la transitivité des relations. Cette transitivité consistant à ne pas toujours penser que l'on est nécessaire et indispensable, mais à utiliser les forces en présence sans croire que tout vient de soi, à se vivre comme une partie du tout, et peut-être, quelquefois, à se sentir regardé par les choses… Cet état d'esprit est le contraire de la toute-puissance. Ce mouvement, qui invite à se laisser enseigner par les événements, implique une dimension ternaire sans laquelle il n'y a pas de spiritualité ouverte et vivante, raison pour laquelle ceux qui restent dans la dualité de la fusion ou du rapport de force, ne peuvent y accéder.

Ce tiers auquel consentir, avec lequel composer et au nom duquel transmettre son savoir, rend possible une loi qui à la fois fait limite et crée un espace entre le sujet et son autre. Pouvoir reconnaître cette loi tierce, et s'y tenir, engendre l'éthique dont on a déjà parlé, la capacité de se ressourcer dans la rupture, l'accès à ce que François Cheng appelle

12. H. Maldiney, *Ouvrir le rien. L'art nu*, La Versanne, Encre marine, 2000.

« la vie ouverte ». « La vraie beauté, dit-il — celle qui advient et se révèle, qui est un apparaître-là touchant soudain l'âme de celui qui la capte — résulte de la rencontre de deux êtres, ou de l'esprit humain avec l'univers vivant. Et l'œuvre de la beauté, toujours née d'un " entre ", est un trois qui, jailli du deux en interaction, permet au deux de se dépasser. Si transcendance il y a, elle est dans ce dépassement-là [13]. »

Pour évoquer ce tiers, certains, tels les Chinois, évoquent le « vide médian agissant », les chrétiens le « Saint-Esprit ». Les psychanalystes, eux, font appel au « Nom du Père ». Ce tiers inscrit le moi dans une triangulation qui le prive de son omnipotence en écornant sa toute-puissance, mais cette « castration » est la condition de son ouverture. Quels que soient sa référence et son registre, ce passage du deux au trois conditionne non seulement l'accès à la transcendance mais aussi à la modestie. Ainsi la sagesse est-elle un consentement [14], celui d'être destitués d'une part de notre totalité pour être reliés *par* ce qui sépare, reliés par nos « objets *a* » qui parfois se rencontrent au firmament des hasards.

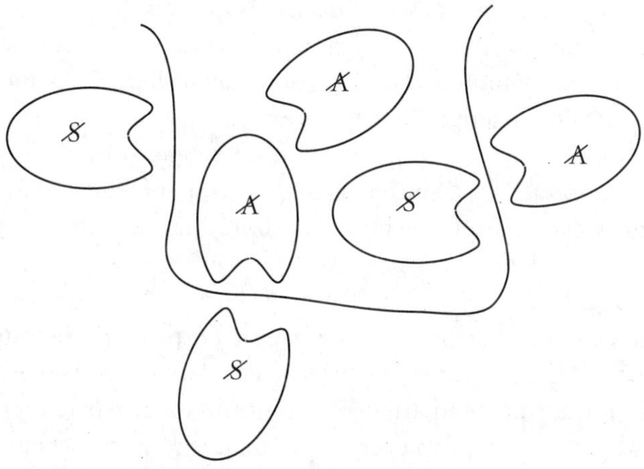

13. F. Cheng, *op. cit.*, p. 146.

14. A. Le Nineze, *La sagesse. La force du consentement*, Paris, Autrement, « Morales », 2000.

Il est alors facile d'imaginer que pour celui qui prend l'habitude de se ressourcer dans cet espace intermédiaire il est de moins en moins nécessaire de donner des signes de son importance. Lorsqu'on pose à Freud cette question: «Que votre nom perdure, ne signifie rien pour vous?» Il répond: «Absolument rien. Que mon nom perdure, et ce n'est pas certain du tout, cela m'est égal. Je suis plutôt préoccupé par le destin de mes enfants. J'espère qu'ils n'auront pas des vies trop difficiles. Je ne peux pas beaucoup les aider. La guerre a pratiquement liquidé ce que je possédais, ce que j'avais acquis pendant ma vie. Mais je peux me considérer comme satisfait, le travail est toute ma fortune.» À ce moment de l'entretien, le journaliste et lui sont en train de franchir une petite élévation de terre dans le jardin de sa maison. Freud caresse tendrement un arbuste en fleurs, puis il ajoute: «Ce bouton de fleur m'intéresse davantage que ce qui pourrait m'arriver après ma mort.» «Alors finalement, Monsieur, vous êtes profondément pessimiste?», lui demande George Sylvester Viereck. «Non, pas du tout, répond Freud, je ne permets simplement à aucune réflexion philosophique de compliquer la fluidité que j'ai avec les choses simples de la vie.» George Sylvester Viereck continue: «Est-ce que vous croyez en la persistance de la personnalité après la mort, sous quelque forme que ce soit? — Je n'y pense pas. Tout ce qui vit périt, affirme Freud. Pourquoi l'homme constituerait-il une exception? — Est-ce que vous aimeriez revenir sous une forme quelconque? Être tiré de la poussière? Est-ce que, pour le dire autrement, vous n'avez pas un désir d'immortalité? — Sincèrement non, répond Freud. Connaissant les motifs égoïstes que cache la conduite humaine, je n'ai pas la moindre envie de revenir à la vie[15].»

Merveille de la sagesse qui anime la curiosité et la saveur essentielle des choses de la vie. On reconnaît là l'expérience de toute une existence, l'épreuve de la solitude et la relativité en toute chose. «Pourquoi devrais-je m'attendre à un traitement particulier?», se demande Freud, lorsqu'on évoque avec lui le sort qui lui serait réservé. «La vieillesse avec ses rides arrive pour tout le monde. Je ne me déclare pas contre l'ordre universel. Finalement, en soixante-dix ans, j'ai eu suffisamment de quoi manger, j'ai apprécié beaucoup de choses en compagnie de ma femme, de mes enfants: la chaleur du soleil, j'ai observé les plantes qui poussent au printemps, j'ai eu de temps en

15. G. S. Viereck, art. cité, p. 12, 13, 14.

temps une main amie à serrer. Il m'est arrivé parfois aussi de rencontrer un être humain qui m'a presque compris. Que désirer de plus[16] ? »

Laissant ouvert cet écart entre l'autre et lui… seul mais heureux *avec* ce « presque » parfait, Freud sauve la *présence* de « ce qui est » du dépit du « trop peu » pour la faire gagner en existence. Nous voici témoins de sa gratitude et de son exceptionnelle acceptation devant ce qu'il pouvait recevoir de la vie. La simplicité de son être-là.

Ce dialogue avec Freud a le mérite d'éclairer doublement la question de la sagesse. Car il ne s'agit pas seulement de se guérir du monde, mais de se guérir de notre attente et de notre avidité vis-à-vis du monde, d'être capable d'apprécier et de se réjouir des bonnes choses sans les mesurer ni à une norme ni à un dû, pour les recevoir comme un don. Sans doute est-ce un privilège de l'âge que d'atteindre cet état de réceptivité, ce savoir-vivre, cette constance et cette modération. Patañjali appelle cette conduite *brahmacharya*, ce qui signifie également « se comporter comme un sage », cette vertu étant l'un des cinq états du yoga (*yama*).

Pour accéder à cette lumière et à cette intelligence, les spiritualités le préconisent toutes, il convient de se purifier. Et l'on devine que la psychanalyse a joué ce rôle pour Freud, car la difficulté demeure toujours la même : comment essayer d'être heureux sans pour autant fermer les yeux sur les cruautés et les absurdités du monde, les duperies des uns et les dominations des autres ? Comment rester lucides sur les événements les plus terribles sans projeter sa propre souffrance ou sa propre impuissance d'enfance ? Comment ne pas se laisser pétrifier par son identification ? Comment épurer son regard et bien distinguer ce que l'on peut changer de ce que l'on ne peut pas changer ? L'analyse pousse à faire la part des choses entre le monde et soi, entre sa violence et la nôtre, notre place et celle des autres, notre impuissance et ce à quoi elle nous renvoie.

Il s'agit là de discernement. Et ce discernement semble l'unique voie qui puisse nous faire entendre raison pour ne pas céder à l'amertume ou au découragement ; car ne pas accepter la réalité de l'impuissance conduit inéluctablement aux ravages du pessimisme et du tourment. On s'y cogne et s'y éreinte, se rebelle et s'acharne. Trouver cette voie médiane entre possible et impossible immisce une détente au milieu des idéaux les plus forcenés et établit un équilibre

---

16. *Ibid.*, p. 12.

entre conscience, action et détachement. Ce réalisme de l'existence auquel aboutit cette réflexion permet peut-être de se poser cette ultime question : comment faire de sa présence au monde un enchantement plutôt qu'un bagne ? Quel sens donner à sa vie le temps qu'il nous en reste ? Car c'est au regard de la mort que s'éclaircit la sagesse. Il ne s'agit plus seulement de vivre, plus seulement d'avancer, mais d'être...

Il existe, dans l'analyse, une expérience à traverser, un point de désenchantement qui revient inexorablement, et plutôt que de l'ignorer, le mieux que nous puissions apprendre à faire est de l'utiliser comme butée et de le transformer en ressort. La reconnaissance de ce point d'impossible est l'un des signes de la sagesse, la traversée d'un fantasme. Alors sans penser, comme Spinoza ou Comte-Sponville, que « le désespoir s'inverse en béatitude[17] », sans doute cesse-t-il de lui barrer la route.

Pour la sagesse indienne, avec l'expérience du contentement (*samtosha*) et celle de la confiance (*Îshvara-pranidhâna*), « se purifier » (*shaucha*) fait partie des cinq orientations (*niyama*) qui permettent d'éliminer le négatif et d'éclaircir la conscience. Les deux autres sont « l'intensité de l'ascèse » (*tapas*) et « le connais-toi toi-même » (*svâdhyâya*). Ces cinq préceptes sont pour Patañjali indissociables, et font du yoga une discipline et une méditation au quotidien. Parmi eux, *tapas*, qui détient en son étymologie l'éclat même de « ce qui consume » (*tap*), éclaire les quatre autres directions. Car c'est grâce à ce feu, d'un point de vue énergétique, que le *yogi* tente de brûler ce qui, de son symptôme, l'empêche de vivre, pour clarifier ce qui, de celui-ci, signe l'intraitable de son éthique. Au nom de cette éthique qui oriente sa vie comme un phare, sans se mirer dans la sainteté ni méconnaître la part non négociable de son passé, il s'applique à dissoudre les sources de sa souffrance et dispense ainsi son propre rayonnement (car il est sans doute plus sage de ne pas se leurrer sur son incurable, pour s'en servir auprès des autres et comprendre leur solitude, que de se prendre pour un saint).

Entre ces deux disciplines que sont la psychanalyse et le yoga, aussi différentes soient-elles, la conscience passe par une élucidation (*satya*) et un discernement (*viveka*) et s'il en résulte quelquefois une certaine paix, elle est le fruit d'un combat entre conflit et détachement.

---

17. A. Comte-Sponville, *Le mythe d'Icare*, Paris, PUF, 1984, p. 29.

Lorsque François Cheng dit de la beauté morale qu'elle « comporte la prise en charge de la douleur du monde, l'extrême exigence de dignité, de compassion et de sens de la justice, ainsi que la totale ouverture à la résonance universelle » ; lorsqu'il précise que « cette exigence et cette ouverture impliquent, de la part de celui qui cherche à creuser en lui sa capacité à la réceptivité et à l'accueil [...] de se laisser brûler par une intense lumière », cette lumière est celle que la tradition indienne appelle *tapas* ! « Lumière apte à faire tomber, dit-il, les oripeaux qui lui encombrent corps et esprit, condition nécessaire à l'advenir d'une authentique ouverture[18]. »

Penser le spirituel aujourd'hui, ce serait penser cette ouverture. Non pas seulement le concevoir comme « contre force opposable à la mélancolie[19] », ou simple « dérivation pulsionnelle sublimatoire », non pas, non plus, comme retour aux osmoses mythiques ou répétition d'un narcissisme originaire vers les béatitudes de l'indifférenciation, mais capacité à se ressourcer dans le schisme, aptitude à penser le monde et sa finitude. Non pas seulement comme explication psychanalytique ou membre fantôme d'une amputation primordiale, mais production d'une dimension nouvelle, *accès* à un au-delà que laisse entendre l'acceptation fondamentale de l'impossible, ainsi que le silence des méditations quand elles s'adossent à une éthique de l'être (*yama*).

En relation avec ce qui s'évide en soi et la position de déchet assumée dans le travail de l'analyse, elle permet au sujet, comme le disait Lao Tseu, de « devenir le ravin du monde », là où se sécrètent l'*humus* de l'être *humain*, et son *hum*ilité.

Cette ouverture, dont parle tout ce livre, et qui ne néglige ni le péril qu'elle occasionne ni le salut qui la guide, ne s'avère-t-elle pas, grâce au travail qu'elle exige, le fruit d'un courage nécessaire pour lutter aujourd'hui contre les ostracismes en tous genres et les lâchetés les plus intimes ? Arrachée à la fusion et fondée en son essence sur une « éthique du moins », cette ouverture ne représente-t-elle pas, d'un point de vue écologique et politique l'une des garanties la plus profondes pour se soustraire aux avidités d'une société toujours plus basée sur la consommation et aller dans le sens d'une décroissance nécessaire à la survie de la planète ? Cette ouverture est nécessairement

18. F. Cheng, *op. cit.*, p. 92.

19. S. De Mijolla-Mellor, « Les ivresses sacrées », *Topique*, n° 85, 2003, p. 38.

une échancrure dans le tissu des valeurs habituelles, le signe d'un nouvel ordre, la béance d'un impossible, mais elle invente la chance d'un espace à intégrer.

L'inquiétude, au regard des marchands de bonheur, est souvent considérée comme négative. Mais dégagée de son anxiété, elle est un qui-vive. Elle se révèle ici le produit de la lucidité, la garantie de la clairvoyance. Contrairement à ce que l'on pense souvent, elle est un état d'éveil à ne pas craindre ni endormir, qu'il nous faut apaiser dans l'inconfort qu'elle constitue, mais supporter, affronter, assumer. Aux aguets du pire, cette vigilance est celle des veilleurs de ce monde. Nous dirons donc comme Catherine Chalier, à qui l'on demandait de donner deux ou trois mots clés pour définir la sagesse dans la tradition juive, que « l'inquiétude et l'espérance[20] » sont les deux dimensions qui travaillent au cœur de l'homme à sauver la vie.

Il se peut que l'on reproche à ce livre de sortir le spirituel des chapelles de silence, pour en faire une spiritualité pragmatique, militante et politique, mais il s'agit de s'approcher d'une spiritualité vigilante et philosophique, c'est-à-dire, tout simplement, qui aime la sagesse. Aussi est-il important de sortir le yoga de ses techniques de bien-être isolées de leur contexte philosophique, pour lui restituer sa valeur morale. Car il est une chose de s'approcher puis de connaître la nature de l'esprit, mais il en est une autre de savoir qu'en faire en ce monde.

Lorsque Socrate se meurt, « il demande à ses amis éplorés de ne pas tant se soucier de lui. L'essentiel n'est pas sa personne, dit Anne-Claire Desesquelles, mais la vérité dont elle se fait l'instrument et qui parle à travers elle. Simple moyen, le moi n'est pas en lui-même sa raison d'être. Certes le vrai se réalise dans les esprits particuliers, mais il exige que chacun dépasse son individualité pour s'élever à l'universel. C'est ainsi seulement qu'un esprit peut en féconder un autre et vivre en lui, d'une vie supra-individuelle, qui surmonte la mort. Le calme de Socrate vient de ce qu'il éprouve la supériorité de cette vie spirituelle sur la vie biologique. Bien plus fertile, féconde, prolifique, elle réalise mieux l'essence de la vie. Ce n'est plus l'âme qui migre d'un corps à l'autre, mais la pensée qui se propage dans les esprits grâce au langage[21]. »

---

20. C. Chalier, « Qu'est-ce que la sagesse juive? », entretien avec A. Le Nineze dans *La sagesse*, *op. cit.*, p. 47.

21. A.-C. Desesquelles, « Philosopher, c'est s'exercer à mourir », *Le Nouvel Observateur hors série*, « Apprivoiser la mort pour mieux vivre », avril-mai 2006, p. 71.

C'est encore et encore à cette destitution du moi que convie l'ouverture de cet espace et la création qu'elle engendre. Une transmission est en jeu, plus essentielle encore que celui qui la dispense et qui s'en fait l'agent.

Selon Socrate, et sa mort en témoigne, « seule une vie qui s'unit à l'universel peut être sauvée. Toujours déficitaire la vie ne se justifie qu'en se soumettant à ce qui la dépasse. [...] Inutile de chercher des échappatoires. Il n'y a que deux modèles possibles : rechercher les honneurs — en faisant du moi une fin — ou leur préférer l'honneur de témoigner des valeurs, même au prix de la vie. Entre Calliclès ou Socrate aujourd'hui encore il faut choisir[22]. »

Penser le spirituel invite ainsi à se positionner, car il est avant tout une attitude, un geste de l'âme, une priorité. Il est une décision, intime et profonde : ne pas céder sur son désir d'humanité. L'expérience tranchante de l'œdipe et de la mort ne laissent guère à l'homme raisonnable le choix de croire longtemps à sa toute-puissance et le poussent à relativiser son importance, mais chez certains ce désir fait défaut. Et là où ce désir fait défaut, l'Esprit ne souffle pas. Car c'est ce désir d'humanité qui amène à destituer le moi de sa vanité, à le soustraire à son narcissisme, et à renvoyer à son indigence sa soif de pouvoir et de postérité. Que le moi s'efface pour laisser passer la vérité qu'il détient, se soumettant à ce qui le dépasse, et le sujet se fait à son insu le maillon d'une chaîne de transmission. Là est la vraie maturité de l'être humain. Voilà ce que signifie exactement pour l'Inde la syllabe « Om », qui est à la fois l'appel et la « manifestation de la force spirituelle[23] ».

Et Freud, de son côté, de nous dire : « La vie change. La psychanalyse change, elle aussi. Nous sommes tout juste aux commencements d'une science nouvelle. [...] Je ne suis qu'un initiateur. J'ai réussi à dégager des monuments enterrés dans les substrats de l'esprit. Mais là où j'ai découvert quelques temples, d'autres découvriront peut-être des continents[24]. »

Notre savant, dont la grandeur d'âme semble proportionnelle à son génie, loin de se croire le seul et le dernier, étranger à toute mégalomanie, s'inscrit dans la lignée de la connaissance à tout jamais

---

22. *Ibid.*

23. *Dictionnaire de la sagesse orientale*, Paris, Laffont, 1986, p. 402.

24. G. S. Viereck, « Entretien avec S. Freud. La valeur de la vie » (1926), deuxième partie, *La Lettre mensuelle* de l'École de la cause freudienne, n° 245, février 2006, p. 4.

ouverte et qui traversera les siècles. Grâce à lui, avec la découverte de l'inconscient, quiconque aujourd'hui peut se sentir un peu moins fat, moins ignorant et moins souffrant.

Ainsi pense la *Bhagavad Gîtâ*, le texte sacré de l'Inde, en écho aux paroles de Freud : agis du mieux que tu peux, fais ce que tu as à faire, fais ce que tu dois, à la place où tu es et avec les moyens qui sont les tiens, mais désintéresse-toi des fruits de l'action. Voici ce qu'en d'autres termes Patañjali laisse entendre avec la notion d'*Îshvara pranidhâna*[25] : ta responsabilité est engagée, mais tout ne dépend pas de toi, tout n'est pas en ton pouvoir, la vie fera le reste et nous n'en connaissons pas les règles.

Celui qui entre dans ce désintéressement, sans négliger l'intérêt de ce qu'il a à faire sur cette terre, donne au spirituel sa valeur universelle.

25. La notion d'« Îshvara-pranidhâna » (aphorisme I.23) est représentée par la syllabe « Om » (aphorisme I.27).

RÉFÉRENCES

Certains chapitres qui forment ce livre ont déjà paru, sous une forme parfois fort différente, dans diverses revues, que nous remercions pour nous avoir permis de les reprendre ici.

« Le yoga au quotidien, un souffle pour la paix », *Revue française de yoga*, n° 31 (« Transmettre »), janvier 2005.

« Qu'aurais-je à te dire ? », *Cahiers de Présence d'Esprit*, n° 7 (« Propos simples sur le yoga »), 2005.

« Le yoga vu par une psychanalyste. Le pari de Patañjali », *Revue française de yoga*, n° 33 (« Le corps médiateur »), janvier 2006.

« De la place pour de l'autre et de l'autrement », *Revue française de yoga*, n° 35 (« Le corps, le sujet, l'altérité »), mars 2007.

TABLE DES MATIÈRES

La collection « Voix psychanalytiques »
est dirigée par Michel Peterson

Serge Hajlblum, *Hors la voix. Battements entre aphasie et autisme*
Karim Jbeili, *Le psychisme des Orientaux. Différences et déchirures*
Jacques Nassif, *Un troisième temps pour la psychanalyse*
François Peraldi, *Le sujet. Séminaire 1981-1982*
François Peraldi, *L'autre. Le temps. Séminaire 1982-1985*

Éditions Liber
2318, rue Bélanger, Montréal, Québec, H2G 1C8
téléphone : 514-522-3227 ; télécopie : 514-522-2007
site : www.editionsliber.org ; courriel : info@editionsliber.org

Distribution

Canada :
Diffusion Dimedia
539, boulevard Lebeau, Montréal, Québec, H4N 1S2
téléphone : 514-336-3941 ; télécopie : 514-331-3916
courriel : general@dimedia.qc.ca

France et Belgique :
DNM, Diffusion du nouveau monde
30, rue Gay-Lussac, 75005 Paris
téléphone : 01 43 54 49 02 ; télécopie : 01 43 54 39 15
courriel : direction@librairieduquebec.fr

Suisse :
Servidis
5, rue des Chaudronniers, C. P. 3663, CH-1211 Genève 3
téléphone : 022 960-9510 ; télécopie : 022 960-9525
courriel : admin@servidis.ch

Achevé d'imprimer en décembre 2007
sur les presses de l'imprimerie Gauvin,
Gatineau, Québec

FSC
Recyclé
Contribue à l'utilisation responsable des ressources forestières
www.fsc.org Cert no. SGS-COC-2624
© 1996 Forest Stewardship Council
100%